AF186439

Tucholsky   Wagner   Zola   Scott   Schlegel
                                          Fonatne Sydow
        Turgenev   Wallace   Freud
    Twain   Walther von der Vogelweide   Fouqué   Friedrich II. von Preußen
                    Weber   Freiligrath
                                                              Frey
Fechner   Weiße Rose   von Fallersleben   Kant   Ernst
        Fichte   Richthofen   Frommel
        Engels   Fielding   Eichendorff   Tacitus   Dumas
    Fehrs   Faber   Flaubert
                Maximilian I. von Habsburg Fock   Eliasberg   Ebner Eschenbach
    Feuerbach   Eliot   Zweig
                    Ewald   Vergil
        Goethe   Elisabeth von Österreich   London
Mendelssohn Balzac   Shakespeare   Dostojewski   Ganghofer
        Trackl   Lichtenberg   Rathenau   Doyle   Gjellerup
                Stevenson   Hambruch
Mommsen   Tolstoi   Lenz   Droste-Hülshoff
        Thoma   Hanrieder
Dach   Verne   von Arnim   Hägele   Hauff   Humboldt
        Reuter   Hagen
    Karrillon   Rousseau   Hauptmann   Gautier
            Garschin   Baudelaire
        Damaschke   Defoe   Hebbel
                    Descartes   Hegel   Kussmaul   Herder
Wolfram von Eschenbach   Schopenhauer   Rilke   George
    Bronner   Darwin   Dickens   Grimm Jerome
        Campe   Horváth   Aristoteles   Melville   Bebel   Proust
Bismarck   Vigny   Voltaire   Federer   Herodot
                Gengenbach   Barlach   Heine
    Storm   Casanova   Tersteegen   Grillparzer   Georgy
        Chamberlain   Lessing   Langbein   Gilm   Gryphius
Brentano   Lafontaine
    Strachwitz   Claudius   Schiller   Kralik   Iffland Sokrates
        Katharina II. von Rußland   Bellamy   Schilling
                        Gerstäcker   Raabe   Gibbon   Tschechow
Löns   Hesse   Hoffmann   Gogol   Wilde   Vulpius
Luther   Heym   Hofmannsthal   Klee Hölty   Morgenstern   Gleim
        Roth   Heyse   Klopstock   Kleist   Goedicke
Luxemburg   Puschkin   Homer   Mörike
            La Roche   Horaz   Musil
    Machiavelli   Kierkegaard   Kraft   Kraus
Navarra Aurel   Musset   Moltke
        Nestroy Marie de France   Lamprecht Kind   Kirchhoff Hugo
                            Laotse   Ipsen   Liebknecht
    Nietzsche   Nansen   Ringelnatz
        von Ossietzky Marx   Lassalle Gorki   Klett   Leibniz
                May   vom Stein   Lawrence   Irving
    Petalozzi   Knigge
        Platon   Pückler   Michelangelo   Kafka
        Sachs   Poe   Liebermann   Kock
    de Sade Praetorius   Mistral   Zetkin   Korolenko

Kant und Goethe

Zur Geschichte der modernen Weltanschauung

Georg Simmel

Impressum

Autor: Georg Simmel
Umschlagkonzept: toepferschumann, Berlin

Verlag: tradition GmbH, Hamburg
ISBN: 978-3-8424-7086-6
Printed in Germany

Ziel der TREDITION CLASSICS ist es, tausende deutsch- und fremdsprachige Klassiker wieder in Buchform verfügbar zu machen. Die Werke wurden eingescannt und digitalisiert. Dadurch können etwaige Fehler nicht komplett ausgeschlossen werden. Unsere Kooperationspartner und wir von tradition versuchen, die Werke bestmöglich zu bearbeiten. Sollten Sie trotzdem einen Fehler finden, bitten wir diesen zu entschuldigen. Die Rechtschreibung der Originalausgabe wurde unverändert übernommen. Daher können sich hinsichtlich der Schreibweise Widersprüche zu der heutigen Rechtschreibung ergeben.

Text der Originalausgabe

Georg Simmel

Kant und Goethe

Zur Geschichte der modernen Weltanschauung

Dem Hause Jastrow
in alter Freundschaft

In die Zustände der Halbkulturen, aber auch in die Kultur vor der Herrschaft des Christentums pflegen wir die Einheit von Lebenselementen zu verlegen, die die spätere Entwicklung auseinander getrieben und zu Gegensätzen ausgestaltet hat. So hart der Kampf um die physischen Existenzbedingungen, so unbarmherzig die Vergewaltigung des Individuums durch die gesellschaftlichen Forderungen gewesen sein mag – zu dem Gefühl eines fundamentalen Risses innerhalb des Menschen und innerhalb der Welt, zwischen dem Menschen und der Welt, scheint es vor dem Verfall der klassischen Welt nur ganz vereinzelt gekommen zu sein. Selbst Platos Loslösung einer jenseitigen Welt der »Ideen« von der empirischen – die sich ihm so wendete, als wäre die letztere von der ersteren, der allein im vollen Sinne realen, abgespalten – wurde zunächst wieder rückgängig gemacht. Das Christentum erst hat den Gegensatz zwischen dem Geist und dem Fleisch, zwischen dem natürlichen Sein und den Werten, zwischen dem eigenwilligen Ich und dem Gott, dem Eigenwille Sünde ist, bis in das Letzte der Seele hinein empfunden. Aber da es eben Religion war, hat es mit derselben Hand, mit der es die Entzweiung stiftete, die Versöhnung gereicht. Es mußte erst seine bedingungslose Macht über die Seelen verlieren, seine Lösung des Problems mußte erst mit dem Beginn der Neuzeit zweifelhaft geworden sein, ehe das Problem selbst in seiner ganzen Weite auftrat. Daß der Mensch von Grund aus ein dualistisches Wesen ist, daß Entzweiung und Gegensatz die Grundform bildet, in die er die Inhalte seiner Welt aufnimmt und die deren ganze Tragik, aber auch ihre ganze Entwicklung und Lebendigkeit bedingen – das hat das Bewußtsein erst nach der Renaissance als seine Ägide erfaßt. Mit diesem Herabbrechen des Gegensatzes in die tiefste und breiteste Schicht unser selbst und unseres Bildes vom Dasein wird die Forderung seiner Vereinheitlichung umfassender und heftiger; indem sich das innere und äußere Leben in sich bis zum Brechen spannt, sucht es nach einem um so kräftigeren, um so lückenloseren Bande, das über den Fremdheiten der Seinselemente ihre trotz allem gefühlte Einheit wieder begreiflich mache.

Zunächst ist es das Gegenüber von Subjekt und Objekt, das die Neuzeit zu schärfstem Gegensatz herausarbeitet. Das denkende Ich fühlt sich souverän gegenüber der ganzen, von ihm vorgestellten Welt, das: »Ich denke, und also bin ich – und also ist auch die Welt« – wird, wie umgestaltet und weiterentwickelt auch immer, zur einzigen Unbezweifelbarkeit des Daseins. Aber andrerseits hat diese objektive Welt doch eine unbarmherzige Tatsächlichkeit, gerade nach dieser Trennung erscheint das Ich als ihr Produkt, zu dem ihre Kräfte sich nicht anders als zu der Gestalt einer Pflanze oder einer Wolke verwebt haben. Und so entzweit lebt nicht nur die Welt der Natur, sondern auch die der Gesellschaft. In ihr fordert der Einzelne das Recht der Freiheit und Besonderheit, während sie ihn nur als ein Element, das ihren überpersönlichen Gesetzen untertan ist, anerkennen will. In beiden Fällen droht die Selbstherrlichkeit des Subjekts entweder von einer ihm fremden Objektivität verschlungen zu werden oder in anarchistische Willkür und Isolierung zu verfallen. Neben oder über diesen Gegensatz stellt die moderne Entwicklung den zwischen dem natürlichen Mechanismus und dem Sinn und Wert der Dinge. Die Naturwissenschaft deutet, seit Galilei und Kopernikus, das Weltbild mit steigender Konsequenz als einen Mechanismus von strenger, mathematisch ausdrückbarer Kausalität. Mag dies unvollkommen durchgeführt oder durchführbar sein, mögen Druck und Stoß, auf die alles Weltgeschehen schließlich reduzierbar schien, noch anderen Prinzipien neben sich Raum geben – mindestens bis zu den Weltanschauungsversuchen der letzten Gegenwart bleibt dieses Geschehen prinzipiell ein naturgesetzlich determiniertes Hin- und Herschieben von Stoffen und Energien, ein abrollendes Uhrwerk, das aber nicht, wie das von Menschen konstruierte, Ideen offenbart und Zwecken dient. Durch das mechanistisch-naturwissenschaftliche Prinzip scheint die Wirklichkeit in völligen Gegensatz zu allem gestellt, was dieser Wirklichkeit bis dahin Sinn zu geben schien: sie hat keinen Raum mehr für Ideen, Werte, Zwecke, für religiöse Bedeutung und sittliche Freiheit. Aber da der Geist, das Gemüt, der metaphysische Trieb ihre Ansprüche an das Dasein nicht aufgeben, so erwächst dem Denken, seit dem 17. und besonders dem 18. Jahrhundert, die große Kulturaufgabe, die verlorene Einheit zwischen Natur und Geist, Mechanismus und innerem Sinne, wissenschaftlicher Objektivität und der gefühlten

Wertbedeutung des Lebens und der Dinge auf einer höheren Basis wiederzugewinnen.

Von zwei prinzipiellen Gesinnungen, die in sehr mannigfaltigen Ausgestaltungen die Kultur durchziehen, gehen die nächstliegenden Vereinheitlichungen des Weltbildes aus: von der materialistischen und der spiritualistischen – jene alles Geistige und Ideelle in seiner Sonderexistenz leugnend und die Körperwelt mit ihrem äußeren Mechanismus für das allein Seiende und Absolute erklärend, diese umgekehrt alles Äußerlich-Anschauliche zu einem nichtigen Schein herabsetzend, und in dem Geistigen mit seinen Werten und Ordnungen die ausschließliche Substanz des Daseins erblickend.

Neben beiden haben sich zwei Weltanschauungen gebildet, deren Einheitsgedanke jenem Dualismus unparteiischer gerecht wird: die Kantische und Goethesche. Es ist die ungeheure Tat Kants, daß er den Subjektivismus der neueren Zeit, die Selbstherrlichkeit des Ich und seine Unzurückführbarkeit auf das Materielle zu ihrem Gipfel hob, ohne dabei die Festigkeit und Bedeutsamkeit der objektiven Welt im geringsten preiszugeben. Er zeigte, daß zwar alle Gegenstände des Erkennens für uns in nichts anderem bestehen können, als in den erkennenden Vorstellungen selbst, und daß alle Dinge für uns nur als Vereinigungen sinnlicher Eindrücke, also subjektiver, durch unsere Organe bestimmter Vorgänge existieren. Aber er zeigte zugleich, daß alle Zuverlässigkeit und Objektivität des Seins gerade erst durch diese Voraussetzung begreiflich würde. Denn nur, wenn die Dinge nichts sind als unsere Vorstellungen, kann unser Vorstellen, über das wir niemals hinauskönnen, uns ihrer sicher machen; nur so können wir unbedingt Notwendiges von ihnen aussagen, nämlich die Bedingungen des Vorstellens selbst, die nun von ihnen, weil sie eben unsere Vorstellungen sind, unbedingt gelten müssen. Müßten wir darauf warten, daß die Dinge, uns wesensfremde Existenzen, in unsern Geist von außen hineingeschüttet würden, wie in ein passiv aufnehmendes Gefäß, so könnte das Erkennen nie über den Einzelfall hinausgehen. Indem nun aber die vorstellende Tätigkeit des Ich die Welt bildet, sind die Gesetze unseres geistigen Tuns die Gesetze der Dinge selbst. Der Verstand, so drückt er es mit unerhörter Kühnheit aus, schreibt der Natur ihre

Gesetze vor; denn »Natur«, d.h. ein begreiflich-gesetzmäßiger Zusammenhang des Daseins, wird das Chaos der Sinneneindrücke, eines bloßen blinden Materials, erst dadurch, daß es von den ordnenden Kräften unseres Verstandes in geordnete Reihen eingestellt wird. Das Ich, die nicht weiter erklärliche Einheit des Bewußtseins, bindet die sinnlichen Eindrücke zu Gegenständen der Erfahrung zusammen, die unsere objektive Welt restlos ausmachen. Dahinter, jenseits aller Möglichkeit des Erkennens, mögen wir uns die Dinge-an-sich denken, d.h. also die Dinge, die nicht mehr *für uns* da sind; und in ihnen können alle Absolutheiten der Vernunft, alle Forderungen des Gemüts, alle Ideale der Phantasie verwirklicht sein, während sie in der Welt unserer Erfahrungen, die für uns allein Objekt sein kann, keine Stelle finden.

Genauer angesehen, ist die Kantische Lösung des Hauptproblems, des Dualismus von Subjekt und Objekt, Geistigkeit und Körperlichkeit, die: daß diesem Gegensatz die Tatsache des Bewußtseins und Erkennens überhaupt untergebaut wird; die Welt wird, mit allen Fremdheiten ihrer Inhalte, durch die Tatsache bestimmt, daß wir sie *wissen*. Denn auch die Bilder, in denen wir uns selbst erkennen und für uns selbst existieren, sind, ebenso wie die körperliche Welt, die Erscheinungen eines Etwas, das uns in seinem An-sich verborgen ist. Körper und Geist sind Erscheinungen, Erfahrungen innerhalb eines allgemeinen Bewußtseinszusammenhangs, aneinander gebunden durch das Faktum, daß sie beide vorgestellt werden und den gleichen Bedingungen des Erkennens unterliegen. In der Erscheinungswelt selbst, innerhalb deren allein sie unsere Objekte sind, sind sie nicht aufeinander zurückführbar, weder der Materialismus, der den Geist durch den Körper, noch der Spiritualismus, der den Körper durch den Geist erklären will, sind zulässig, jedes muß vielmehr nach den ihm allein eigenen Gesetzen verstanden werden. Aber dennoch fallen sie nicht auseinander, sondern bilden *eine* Erfahrungswelt, weil sie von dem erkennenden Bewußtsein überhaupt, dem sie erscheinen, und seiner Einheit zusammengehalten werden, und weil jenseits beider die zwar nie erkennbaren, aber doch immerhin denkbaren Dinge-an-sich ruhen; und diese mögen – so können wir *glauben* – in ihrer Einheit den Grund jener Erscheinungen bewahren, die nun, von unseren Erkenntniskräften ergriffen und zerlegt, in die Zweiheit von Geist und Körper, von empirischem Subjekt und empirischem Objekt auseinandergehen. Während also die äußere Natur, als Objekt für uns, keine Spur von Geist enthalten darf, so daß die vollendete Wissenschaft von ihr nur Mechanik und Mathematik wäre, und während der Geist seinerseits völlig anderen, immanenten Gesetzen folgt, binden die beiden Gedanken des übergreifenden, erkennenden Bewußtseins und des Dinges-an-sich, in dem ideale Ahnungen den gemeinsamen Grund aller Erscheinungen finden, beide zu einer einheitlichen Weltanschauung zusammen. Damit ist die wissenschaftlich-intellektualistische Deutung des Weltbildes auf ihren Höhepunkt gekommen: nicht die Dinge, sondern das Wissen um die Dinge wird für Kant das Problem schlechthin. Die Vereinheitlichung der großen Zweiheiten: Natur und Geist, Körper und Seele gelingt ihm um den Preis, nur die wissenschaftlichen Erkenntnisbilder ihrer vereinen zu wollen; die wissenschaftliche Erfahrung mit der Allgleichheit ihrer Gesetze ist der Rahmen, der alle Inhalte des Daseins in *eine* Form: die der verstandesmäßigen Begreifbarkeit, zusammenfaßt.

Nach einer ganz anderen Norm mischt Goethe die Elemente, um aus ihnen eine gleich beruhigende Einheit zu gewinnen. Allerdings fehlt ihm nicht nur die Systematik, sondern die ganze Absicht der Philosophie als Wissenschaft: unser Gefühl vom Wert und Zusammenhang des Weltganzen in die Sphäre abstrakter Begriffe zu erheben; unser unmittelbares Verhältnis zur Welt, das innere Anklingen und Mitfühlen ihrer Kräfte und ihres Sinnes spiegelt sich, wenn wir wissenschaftlich philosophieren, in dem ihm gleichsam gegenüberstehenden Denken; dieses drückt in der ihm eigenen Sprache jenen Sachverhalt aus, mit dem es direkt gar nicht verbunden ist. Wenn ich aber Goethe recht verstehe, handelt es sich bei ihm immer nur um eine *unmittelbare* Äußerung seines Weltgefühles; er fängt es nicht erst in dem Medium des abstrakten Denkens auf, um es darin zu objektivieren und in eine ganz neue Existenzart zu formen, sondern sein unvergleichlich starkes Empfinden der Bedeutsamkeit des Daseins und seines inneren Zusammenhanges nach Ideen treibt seine »philosophischen« Äußerungen hervor wie die Wurzel die Blüte. Mit einem ganz freien Gleichnis: Goethes Philosophie gleicht den Lauten, die die Lust- und Schmerzgefühle uns unmittelbar entlocken, während die wissenschaftliche Philosophie den Worten gleicht, mit denen man jene Gefühle sprachlich-begrifflich *bezeichnet*. Da er nun aber zuerst und zuletzt *Künstler* ist, so wird jenes natürliche Sich-Geben von selbst zu einem Kunstwerk. Er durfte »singen, wie, der Vogel singt«, ohne daß seine Äußerung ein unförmig zudringlicher Naturalismus wurde, weil die Kunstform sie von vornherein, an ihrer Quelle, gestaltete – gerade wie das wissenschaftliche Erkennen von vornherein durch bestimmte Verstandeskategorien geformt wird, die in der sachlich vorliegenden Erkenntnis als deren Formen aufzeigbar sind. Er selbst benutzt diesen Vergleich zur Erklärung eines Satzes, den er einmal zu Schiller ausspricht: »Nicht allein die Gegenstände der Kunst, sondern schon die Gegenstände zur Kunst haben eine gewisse Idealität an sich; denn indem sie bezüglich zur Kunst betrachtet werden, so werden sie durch den menschlichen Geist schon auf der Stelle verändert.« Sein Betrachten der Dinge bedeutete schon, daß sie in künstlerische Formen (im weitesten Sinne des Wortes) aufgenommen, in sie hineingebildet wurden; sie selbst, wie sie als Vorstellungen in ihm zustande kamen, waren künstlerische, weil sein Vorstellen ein künstlerisches war. Es ist deshalb in Hinsicht auf die letzte und entscheidende Gesinnung vollkommen richtig, was, äußerlich genommen, ganz unbegreiflich scheint, wenn er sagt: »Von der Philosophie habe ich mich immer frei erhalten.« Darum wird eine Darstellung der Philosophie Goethes bis zu einem gewissen Grad ganz unvermeidlich eine Philosophie *über* Goethe sein. Nicht um Systematisierung seines Denkens handelt es sich – das wäre ihm gegenüber ein sehr minderwertiges Unternehmen – sondern darum, die unmittelbare Fortsetzung und Äußerung des Gefühls für Natur, Welt und Leben bei ihm in die mittelbare, abgespiegelte, einer ganz anderen Region und Dimension angehörige Form des begrifflichen Denkens überzuführen.

Der entscheidende und ihn von Kant absolut scheidende Grundzug seiner Weltanschauung ist der, daß er die Einheit des subjektiven und des objektiven Prinzips, der Natur und des Geistes, *innerhalb ihrer Erscheinung* selbst sucht. Die Natur selbst, wie sie uns anschaulich vor Augen steht, ist ihm das unmittelbare Produkt und Zeugnis geistiger Mächte, formender Ideen. Sein ganzes inneres Verhältnis zur Welt ruht, theoretisch ausgedrückt, auf der Geistigkeit der Natur und der Natürlichkeit des Geistes. Der Künstler lebt in der Erscheinung der Dinge als in seinem Element; die Geistigkeit, das Mehr-als-Materie und -Mechanismus, das seinem Hinnehmen und Behandeln der Welt allerdings erst einen Sinn gibt, muß er in der greifbaren Wirklichkeit selbst suchen, wenn es für ihn überhaupt bestehen soll. Dies bestimmt seine besondere Bedeutung für die Kulturlage der Gegenwart. Die Reaktion auf den spekulativen Idealismus der Weltanschauung vom Beginn des 19. Jahrhunderts war der Materialismus der 50er und 60er Jahre. Das Verlangen nach einer Synthese, die beide in ihrem Gegensatz überwand, rief in den 70er Jahren den Ruf: zurück zu Kant! hervor. Aber die *wissenschaftliche* Lösung, die dieser allein geben konnte, forderte einen Ausgleich; und den Weg zu einem solchen schienen die ästhetischen Interessen zu weisen, die um die Jahrhundertwende die Führung des geistigen Lebens in weitem Ausmaß übernahmen und deren Weiterwirkung, in welchen Umsetzungen auch immer, aus den bevorstehenden Wendungen des deutschen Geistes nicht ausgelöscht werden kann. Indem sie eine Form boten, den Geist wieder in die Realität aufzunehmen, die sich der Kantischen entgegensetzte und sie irgendwie ergänzte, verdichteten sie sich in den Ruf: zurück zu Goethe! Für ihn sind die beiden Wege verschlossen, auf denen Kant jenen fundamentalen Dualismus überwindet: er steigt nicht unter die Erscheinungen hinab, um sie, als bloße Vorstellungen, durch das Ich oder die Erkenntnisfunktion umschließen zu lassen, noch kann er sich, über sie hinweg, mit der Idee der Dinge-an-sich und ihrer unanschaulichen, absoluten Einheit begnügen. An dem ersteren hindert ihn die Unmittelbarkeit seines geistigen Wesens, die ihm alles Theoretisieren über das Erkennen fernstellt.

»Wie hast du's denn so weit gebracht?
Sie sagen, du habest es gut vollbracht.«
»Mein Kind, ich habe es klug gemacht:
Ich habe nie über das Denken gedacht.«

Und:

»Ja, das ist das rechte Gleis,
Daß man nicht weiß, was man denkt,
Wenn man denkt:
Alles ist als wie geschenkt.«

Seiner im höchsten Sinne praktischen Natur war die Beschäftigung mit den Vorbedingungen des Denkens widrig, weil diese das Denken selbst, seinen Inhalten und Resultaten nach, nicht förderten. »Das Schlimmste ist,« sagt er zu Eckermann, »daß alles Denken zum Denken nichts hilft; man muß von Natur richtig sein, so daß die guten Einfälle immer wie freie Kinder Gottes vor uns dastehen, und uns zurufen: da sind wir.« Die Abneigung gegen Erkenntnistheorie, die aus solchen Gründen seiner inneren Praxis hervorging, entfernte ihn von dem Kantischen Weg, in den Bedingungen des Erkennens, in dem Bewußtseinszusammenhang, der die empirische Welt trägt, die Versöhnung ihrer Diskrepanzen zu suchen – obgleich er sich der Tiefe und Bedeutung dieses Gedankens keineswegs verschloß. Das Absolute aber, in dem diese Versöhnung gefunden wird, aus der Erscheinung heraus in die Dinge-an-sich zu verlegen, würde für ihn die Welt sinnlos machen. »Vom Absoluten im theoretischen Sinne wag' ich nicht zu reden; behaupten aber darf ich: daß, wer es *in der Erscheinung* anerkannt und immer im Auge behalten hat, sehr großen Gewinn davon erfahren wird.« Und ein andermal: »Ich glaube einen Gott. Das ist ein schönes und löbliches Wort; aber Gott anerkennen, wie und wo er sich *offenbare*, das ist eigentlich die Seligkeit auf Erden.« Nicht außerhalb der Erscheinungen, sondern *in* ihnen fallen Natur und Geist, das Lebensprinzip des Ich und das des Objekts zusammen. Dieser anschauende Glaube hat in ihm sein äußerstes, das ganze Weltfühlen durchdringendes Bewußtsein erlangt. Auf der Voraussetzung, daß Natur und Geist, oder Wirklichkeit und Wert nicht ihrem Wesen nach auseinanderklaffen, sondern daß ihre tiefe Einheit an dem einzelnen Werk nur eine besonders überzeugende Deutlichkeit gewinne – darauf steht die Existenz jedes Künstlers. Sie würde leer und sinnlos sein, wäre er nicht überzeugt, daß die Schönheit und Bedeutsamkeit, die die Erscheinung unter seinen Händen annimmt, kein äußeres Hinzufügsel ist, sondern die eigentliche Wahrheit, das von allen Verfälschungen befreite Wesen dieser Wirklichkeit ausspricht. In diesem Sinne ist freilich jede Kunst »Naturalismus«, weil für den Künstler als solchen »Natur« eben von vornherein die Einheit des Realen und des Idealen bedeutet. Wenn Goethe, nach seinem eignen Wort, »die Idee mit Augen sieht«, so heißt das, daß ihm Wert und Vollendung der Dinge, die für uns andre nur wie ein mehr oder weniger traumhaftes Gebilde über ihnen zu schweben scheint, in ihrer Wirklichkeit wohnte, wie *er* sie zu sehen verstand.

Der tiefe Gegensatz der beiden Weltanschauungen, die doch dem gleichen Problem gegenüberstehen, tritt in dem Verhältnis hervor, das sie beide zu dem berühmten Satz Hallers haben, daß »kein erschaffener Geist ins Innere der Natur dringt«. Beide bekämpfen ihn mit förmlicher Entrüstung, weil er jenen Abgrund zwischen Subjekt und Objekt verewigen möchte, den es gerade auszufüllen galt. Aber auf wie verschiedene Motive hin! Für Kant ist der ganze Ausspruch ein logischer Widersinn, weil er die Unerkennbarkeit eines Objekts beklagt, das es als Objekt für uns gar nicht gibt. Denn da die Natur von vornherein nur Erscheinung, d. h. Vorstellung in einem vorstellenden Subjekt ist, so hat sie überhaupt kein Inneres. Wenn man von einem Inneren ihrer Erscheinung sprechen wollte, so sei es dasjenige, in das Beobachtung und Zergliederung der Erscheinungen wirklich dringen. Wenn die Klage sich aber auf dasjenige bezieht, was hinter aller Natur liegt, also nicht mehr Natur, weder ihr Äußeres noch ihr Inneres ist – so ist sie nicht weniger töricht, weil sie etwas zu erkennen verlangt, was seinem Begriff nach sich den Bedingungen des Erkennens entzieht. Das Absolute hinter der Natur ist eine bloße Idee, die niemals angeschaut, also auch nicht erkannt werden kann. Goethe hingegen, solcher erkenntnistheoretischen Überlegung ganz fern, verwirft jenen Spruch aus dem unmittelbaren Mitfühlen mit dem Wesen der Natur heraus:

> Natur hat weder Kern
> Noch Schale.
> Alles ist sie mit einem Male.

Und:

> Denn das ist der Natur Gestalt,
> Daß innen gilt, was außen galt.

Und:

> Müsset im Naturbetrachten
> Immer eins wie alles achten,

Nichts ist drinnen, nichts ist draußen,
Denn was innen, das ist außen.

Daß das Tiefste, Innerste und Bedeutsamste, nach dem man sich sehnen kann, nicht auch in der Wirklichkeit ergreifbar sein sollte, ist ihm schlechthin unerträglich. Der ganze Sinn seiner künstlerischen Existenz wäre ihm dadurch erschüttert. Wenn er deshalb jenem Spruch entgegenhält:

Ist nicht der Kern der Natur
Menschen im Herzen –

so ist dies nur scheinbar der Kantischen Ansicht gleich, die die Natur und ihre Gesetze in das menschliche Erkenntnisvermögen, als dessen Produkte, hineinverlegt. Denn Goethe will sagen: das Lebensprinzip der Natur ist zugleich auch dasjenige der menschlichen Seele, beides sind gleichberechtigte Tatsachen, aber hervorgehend aus der Einheit des Seins, die die Gleichheit des schöpferischen Prinzips in die Mannigfaltigkeit der Gestaltungen entwickelt; so daß der Mensch in seinem eigenen Herzen das ganze Geheimnis des Seins und vielleicht auch seine Lösung zu finden vermag. Der ganze künstlerische Rausch der Einheit von Innen und Außen, von Gott und Welt, bricht in ihm, aus ihm hervor. Solcher Behauptungen über die Dinge selbst enthält sich Kant. Er sagt nur das über sie aus, was sich aus den Bedingungen ihres Erkanntwerdens ergibt. Nicht weil Natur und Menschenseele ihrem Wesen, ihrer Substanz nach einheitlich sind, kann man das eine aus dem andern ablesen, sondern weil die Natur eine Vorstellung in der Menschenseele ist, so daß die Form und Bewegung dieser allerdings die allgemeinsten Gesetze jener bedeuten muß. Man kann den Gegensatz, um den es sich handelt, im Hinblick auf jenen Hallerschen Spruch zu einer kurzen Formel zuspitzen; fragt man nach dem eigenen Wesen der Natur, so antwortet Kant: sie ist nur Äußeres, da sie ausschließlich aus räumlich-mechanischen Beziehungen besteht; und Goethe: sie ist nur Inneres, da die Idee, das geistige Schöpfungsprinzip, auch ihr ganzes Leben ausmacht. Fragt man aber nach ihrem Verhältnis zum Menschengeist, so antwortet Kant: sie ist nur Inneres, weil sie eine Vorstellung in uns ist; und Goethe: sie ist nur Äußeres, weil die Anschaulichkeit der Dinge, auf der alle Kunst beruht, eine unbe dingte Realität haben muß. Goethe meint nicht, wie Kant, daß das geistige Innere des Subjekts das Zentrum der Natur sei; sondern daß dieses letztere, wie und weil überall, so auch im Menschengeist zu finden sei. Beides sind gleichsam parallele Darstellungen des göttlichen Seins, das sich in der Natur, dem Äußeren, mit derselben Realität entwickelt, wie in der Seele, dem Inneren; so daß die Natur ihre unbedingte äußere, anschauliche Wirklichkeit behält, ohne ihre Wesenseinheit mit dem Menschenherzen aufzugeben, und dazu nicht erst, wie von Kant, in eine Vorstellung in diesem verwandelt zu werden braucht. Beide stellen sich gleichmäßig jenseits des Gegensatzes von Materialismus und Spiritualismus. Kant, weil sein Prinzip die Materie und den Geist, die beide bloße Vorstellungen sind, gleichmäßig und gegensatzlos unter sich begreift, Goethe, weil beide, die er als absolute Wesen hinnimmt, doch unmittelbar eines bildeten; er meint zu Schiller, die materialistischen Philosophen kämen nicht zum Geiste, die idealistischen aber nicht zu den Körpern, »und daß man also immer wohltut, in dem philosophischen Naturstande zu bleiben und von seiner ungetrennten Existenz den besten, möglichen Gebrauch zu machen«.

Soll aber eine *objektive*, d. h. hier, über dem Bewußtsein gelegene Einheit des Seins gesucht werden, so könnte sie für Kant nur in Gott liegen, den er ja auch ausdrücklich heranzieht, wo es sich um die Vereinigung der divergentesten Lebenselemente, der Sittlichkeit und der Glückseligkeit handelt: ein transzendenter Gott, ein Ding-an-sich, jenseits aller Anschaulichkeit des Seins. Für Goethe aber kommt alles darauf an, daß die Einheit der Dinge nicht jenseits der Dinge selbst liegt; er verwirft nicht nur den Gott, »der nur von außen stieße« – das würde auch Kant tun; sondern, indem er das »Bedrängtsein« des göttlichen Prinzips in der Erscheinung anerkennt, betont er doch, wie sehr wir uns verkürzen, wenn wir es »in eine vor unserem äußern und innern Sinne verschwindende Einheit zurückdrängen«. Er kann sich die Einheit der Welt nur retten, wenn sie nicht in die Einheit eines Wesens projiziert wird, das, indem es der ihm gegenüberstehenden Welt die Einheit erst verliehe, sie in Wirklichkeit aus ihr heraussaugen würde.

Bei allen scheinbaren Analogien zwischen Goetheschen und Kantischen Anschauungen darf diese Grundverschiedenheit nie übersehen werden, daß Goethe die Gleichung zwischen Subjekt und

Objekt von der Seite des Objekts her löst, Kant aber von der Seite des Subjekts, wenngleich nicht des zufälligen und personaldifferenzierten, sondern des Subjekts, das der überindividuelle Träger der objektiven Erkenntnis ist.

Wissenschaftlich-methodisch angesehen, ist Kant natürlich der objektive, unparteiische Denker, Goethe der subjektive, das Daseinsbild nach seiner leidenschaftlichen Individualität gestaltende. Weltanschaulich aber, nach dem inhaltlichen Resultat, ist Kant der Subjektivist, der die Welt in das menschliche Bewußtsein hineinlegt und von dessen Formen gestalten läßt, während Goethe nur die selbstgenugsame Objektivität des Daseins anerkennt, innerhalb dessen auch das Subjekt und sein Leben ein Pulsschlag des All-Lebens der Natur ist.

Wenn Goethe also sagt:

> »Wär' nicht das Auge sonnenhaft,
> Wie könnt' die Sonne es erblicken?
> Wär' nicht in uns des Gottes eigne Kraft,
> Wie könnt' uns Göttliches entzücken?«

so erscheint dies zwar als eine Paraphrase der Kantischen Idee, daß wir die Dinge der Welt nur erkennen, weil und insofern ihre Formen a priori in uns ruhen. Tatsächlich aber ist es etwas ganz anderes. Goethe greift unter den Gegensatz von Subjekt und Objekt hinunter und gründet die Erkenntnisbeziehung zwischen ihnen auf eine Wesensgleichheit zwischen ihnen, wie es in primitiver Form schon Empedokles getan hatte, als er lehrte: dadurch, daß die Elemente aller Dinge in uns selbst sind, können wir die Dinge erkennen: das Wasser durch das Wasser, das Feuer durch das Feuer in uns, den Streit in der Natur durch den Streit in uns, die Liebe durch die Liebe. Nicht das Auge bildet die Sonne, und kann sie deshalb erkennen – wie man jenen Vers Kantisch interpretieren müßte – sondern Auge und Sonne sind gleichen objektiven Wesens, gleichberechtigte Kinder göttlicher Natur, und dadurch befähigt, sich miteinander zu verständigen, sich ineinander aufzunehmen. Die Kantische und die Goethesche Lösung des Weltproblems, die erkenntnistheoretische und die metaphysische – wobei Goethe sozusagen keine Metaphysik *hat*, sondern Metaphysik *ist* – verhalten sich wie zweierlei Beziehungen von Menschen, die äußerlich angesehen den gleichen Inhalt und Bedeutung darbieten, von denen die eine aber durch die suggestive Aktivität der einen Partei – so daß sie die andere gleichsam nach ihrem Bilde und ihrem Ideal des Verhältnisses formt – aufrecht erhalten wird, die andere aber durch die wurzelhafte Einheit und natürliche Harmonie beider Parteien.

Gerade in Hinsicht des Verhältnisses zwischen der mitgebrachten Innerlichkeit des Geistes und der Äußerlichkeit seiner Gegenstände ist die Polarität der beiden Weltanschauungen um so bedeutsamer, je mehr eine gewisse formale Ähnlichkeit sie verdecken möchte. Daß Kant keine andere gegenständliche Welt als die innerhalb unseres Bewußtseins anerkennt, gibt doch dem Tiefsten, Eigensten, Entscheidenden in uns keine andere Macht, als daß es die Formen bietet, denen das passiv hinzunehmende Sinnesmaterial sich fügt, die es zu einer Gegenstandswelt gestaltet. Wo dieses Material im letzten Grunde herkommt, ist für Kant gleichgültig; es ist einfach gegeben, und zwar »von außen« – wenn dieses Außen auch nicht räumlichen Sinn hat, sondern nur den Ursprung außerhalb der geistigen Machtsphäre bedeutet, und wenn die besondere Qualität dieser Eindrücke auch durch die Verfassung unserer Sinnesorgane bestimmt ist. Aus einer unbedingt eigenen geistigen Gestaltungskraft und einem nur Aufzunehmenden webt die Erkenntnis sich zusammen. Wie anders Goethe die Rollen des mitgebrachten Inneren und des hinzugebrachten Äußeren verteilt, zeigt am besten ein Wort, das, zunächst nur ein Selbstbekenntnis, doch die Art, wie er sich Erkenntnis dachte, ganz allgemein verkündet: »Hätte ich nicht die Welt durch Antizipation bereits in mir getragen, ich wäre mit sehenden Augen blind geblieben, und alle Erforschung und Erfahrung wäre nichts gewesen als ein ganz totes und vergebliches Bemühen.«

Hier ist es also nicht die Form, sondern das ganze Dasein, die Einheit von Form und Inhalt, die in irgendeiner geheimnisvollen Weise von dem Innern des Menschen mitgebracht wird. Das »Gesetz, nach dem du angetreten«, entwickelt auch das jedem mögliche und notwendige Weltbild in ihm. Und Siegel und Vollendung dieses innerlich Erwachsenden schildert er – wenn auch zunächst nur für »besonders begabte Menschen« – so, daß sie »zu allem, was die Natur in sie gelegt hat, noch in der äußeren Welt die *antwortenden*

Gegenbilder suchen und dadurch das Innere völlig zum Ganzen und Gewissen steigern«. Was außerhalb des Ich liegt, liefert also nicht den Stoff zu dessen formalen Funktionen, sondern zeigt die Ganzheit des wirklichen Daseins als Gegenbild des geistigen. Der Leistungsvereinigung der Formung von innen und des Stoffes von außen bedarf es nicht – »denn was innen, das ist außen«. Möglich aber ist das, weil es *ein* Leben der göttlichen Natur ist, das sich, vollständiger oder bruchstückhafter, so in den Gebilden des Geistes darlebt, wie in den angeschauten Wirklichkeiten. Goethe gibt dem Geiste mehr und weniger als Kant. Er löst ihn nicht von dem Wurzelgrund der Natur los, um ihm dann eine gewissermaßen in der Welt einsame und für sich allein noch leere Formungsgewalt zu geben; er läßt die erkannte *Ganzheit* des Daseins aus ihm sich entfalten, aber nur, weil und insofern die objektive Ganzheit des Daseins sich durch ihn hindurch ausspricht. Den Gegensatz des Innen und Außen, den Kant innerhalb des Geistes versöhnt, indem er dem Außen nur den »blinden« Stoff entlehnt, den erst der Verstand zur »Natur« formt, hebt er von vornherein auf, weil das Innen und das Außen nur zwei Pulsschläge des einen »so natürlichen wie göttlichen« Lebens sind. Daß sich für Kant wie für Goethe das Sein aus dem Bewußtsein gebiert, erscheint so nur als die einheitlich erscheinende begriffliche Hülle, unter der sich zwei völlig verschiedene Verhältnisse zwischen Sein und Bewußtsein verbergen.

An diesem Punkt tritt die persönliche Wesensrichtung Goethes ganz besonders deutlich als Träger seiner Weltanschauung hervor. Als die glücklichste Beanlagung des Menschen in seinem Verhältnis zur Natur kann es wohl gelten, wenn die eigenste, nur den Bedürfnissen und Tendenzen des Ich folgende Entwicklung zu einem reinen Aufnehmen und Bilde der Natur führt, als ob die Kräfte beider sich wie in einer vorbestimmten Harmonie äußerten, die einen den Index für die anderen bildeten. Diese Konstellation traf bei Goethe auf das vollendetste zu. In allem, was er äußerte und wirkte, entwickelte er nur seine Persönlichkeit; den ganzen Umkreis seiner Betrachtung und Deutung des Daseins erfüllte er, weil er sich selbst auslebte, und man hat den Eindruck, als ob ihm sein Bild der Natur, das, bei allen sachlichen Einwänden, immerhin eines von unvergleichlicher Geschlossenheit, Beobachtungstreue und Hoheit der Auffassung ist – entstanden wäre, indem er nur die eigene Richtung seiner mitgebrachten Denk- und Gefühlsenergien entfaltet hätte. So schreibt er am Anfang der italienischen Reise: »Manchmal macht's mich fürchten, daß so viel auf mich gleichsam eindringt, dessen ich mich nicht erwehren kann – *und doch entwickelt sich alles von innen heraus.*« Deshalb beglückt es ihn auch so sehr, wenn er aus Schillers Äußerung über den Meister entnehmen kann, »daß ich im Ganzen, was meiner *Natur* gemäß ist, auch hier der Natur des *Werkes* gemäß hervorgebracht habe«. Nur *deshalb* darf er vom Künstler fordern – was nachher noch näher zu deuten ist –, daß er »höchst selbstsüchtig« verfahre. Diese glückliche, zur objektiven Natur harmonische Richtung seines subjektiven Wesens rechtfertigt es, daß er, obwohl dieses letztere mit völliger Freiheit entfaltend, überall die Natur zum Spiegel der eigenen Vergeistigung machend, doch immer behaupten kann: er gäbe sich der Natur mit der größten Selbstlosigkeit und Treue hin, er spräche nur aus, was sie ihm diktiert, er vermeide jede subjektive Zutat, die die Unmittelbarkeit ihres Bildes trübte. Wir wissen von vielen der größten bildenden Künstler, und zwar auch solcher, die die strengste Stilisierung, die souveränste Umformung des Gegebenen übten, daß sie sich für Naturalisten hielten, ausschließlich das, was sie sahen, abzuschreiben meinten. Tatsächlich *sehen* sie von vornherein so, daß es zu dem Gegensatz innerhalb des unkünstlerischen Lebens: zwischen der inneren Anschauung und dem äußeren Objekt – bei ihnen nicht kommt. Vermittelst der geheimnisvollen Verbindung des genialen Menschen mit dem Wesen alles Daseins ist sein ganz individuelles, eigengesetzliches Sehen für ihn – und, im Maße seiner Genialität, auch für andere – zugleich die Ausschöpfung des objektiven Gehaltes der Dinge. In Goethe war es tatsächlich ein ganz einheitlicher Prozeß, der sich von der einen Seite als Entwicklung seiner eigenen Geistesrichtung, von der anderen als Aufnehmen und Erkennen der Natur darstellte. Darum muß jene Kantische Vorstellung, daß unser Verstand der Natur ihre allgemeinen Gesetze vorschreibt, ihm innerlich völlig fremd, ja eigentlich widrig sein. Der Gegensatz von Subjekt und Objekt muß ihm damit unsäglich übertrieben erscheinen: jenes viel zu selbständig, statt demütig aufnehmender Hingabe an die Natur ein vergewaltigendes Vorgreifen in sie; dieses, mit der letzten Absolutheit seines Wesens dennoch nicht in das Subjekt aufgehend, der ungeheuren Anstrengung des Subjekts, es in sich einzuziehen, spottend. Ihm, der sein Ich von vornherein gleichsam in Parallelität mit der Natur fühlte, mußte es scheinen, als ob die Kantische Lösung dem Subjekt einerseits zu viel, andrerseits zu wenig zuspräche, und als ob sie dem Objekte einerseits Gewalt antäte, statt sich ihm in Treue hinzugeben, während es ihr andrerseits doch als ein Unerfaßbares – ein »Ding *an sich*« – aus den Händen glitte.

Mit dieser Konsequenz zeigen die beiden Weltanschauungen auch in bezug auf die Grenzen des Erkennens die gleiche Entgegengesetztheit bei scheinbarer Verwandtschaft. Wie Kant fortwährend die Unerkennbarkeit dessen betont, was die Welt jenseits unsrer Erfahrung von ihr sei, so Goethe, daß hinter allem Erforschlichen noch ein Unerforschliches liege, daß wir nur »ruhig verehren« könnten, ein Letztes, Unsagbares, an dem unsre Weisheit ein Ende habe. Für Kant bedeutet dies die absolute, durch die Natur unsres Erkennens logisch gesetzte Grenze desselben; für Goethe bedeutet es nur jene Schranke, die aus der Tiefe und dem geheimnisvollen Dunkel des letzten Weltgrundes hervorgeht – wie auch der Fromme sich bescheidet, Gott hienieden nicht schauen zu können, aber nicht eigentlich, weil er sich prinzipiell dem Schauen entzöge, sondern weil unser Schauen dazu einer erst im Jenseits gewährten Steigerung, Kräftigung, Vertiefung bedürfte. Darum sagt er:

> »Sieh, so ist Natur ein Buch lebendig,
> Unverstanden, doch nicht unverständlich.«

Von den letzten Mysterien der Natur trennt uns freilich eine unendliche Entfernung, aber sie liegen doch gleichsam in derselben Ebene mit der erkennbaren Natur, weil es ja nichts als Natur gibt, die zugleich Geist, Idee, das Göttliche ist. Für Kant aber liegt das Ding-an-sich in einer völlig anderen Dimension als die Natur, als das Erkennbare, und man mag in dieser Region bis ans Ende fortschreiten, so wird man nie auf jenes treffen. Goethe schreibt einmal an Schiller: »Die Natur ist deswegen unergründlich, weil sie nicht *ein* Mensch begreifen kann, obgleich die ganze Menschheit sie wohl begreifen könnte. Weil aber die liebe Menschheit niemals beisammen ist, so hat die Natur gut Spiel, sich vor unsern Augen zu verstecken.« Nach den Kantischen Voraussetzungen aber ist dasjenige allerdings vorhanden, was Goethe hier als das Beisammensein der Menschheit vermißt. Jene Formen und Normen, deren Anwendung

Erkennen bedeutet, weil durch sie eben erst das Vorstellungsobjekt für uns geschaffen wird, sind nichts Persönliches, sondern sie sind das allgemein Menschliche in jedem Individuum; in ihnen liegt das Verhältnis restlos beschlossen, das die Menschheit überhaupt zu ihren Erkenntnisobjekten hat. Der Natur im allgemeinen gegenüber bestehen also nicht jene individuellen Unzulänglichkeiten, die Goethe erst durch das Beisammensein aller auszugleichen glaubt. Deshalb ist für Kant die Natur prinzipiell völlig durchsichtig und nur die Empirie über sie ist unvollständig. Da für Goethe aber die Natur selbst von der Idee, vom Absoluten durchdrungen ist, so kommt in der Natur selbst der Punkt, an dem die Intensität und Tiefe der Vorgänge uns weiteres Eindringen versagt; für Kant, der das Übersinnliche völlig aus der Natur hinausverlegt, liegt die Grenze des Erkennens nicht mehr innerhalb ihrer, sondern erst dort, wo sie Natur zu sein aufhört. Für Goethe ist es deshalb nur sozusagen eine quantitative, keine prinzipielle Inkonsequenz, wenn er gelegentlich zu Schiller äußert, die Natur habe kein Geheimnis, das sie nicht irgendwo dem aufmerksamen Beobachter nackt vor die Augen stellte, und ein andermal meint: »Isis zeigt sich ohne Schleier – nur der Mensch, er hat den Star« –, während Kant absolut inkonsequent wird, wenn er uns doch einen Blick in das Reich des Intelligiblen verstattet; wovon wir übrigens hier nicht untersuchen, ob es ihm mit Recht oder Unrecht insinuiert wird.

Wenn man den Rhythmus der inneren Bewegungen dieser beiden Geister nach ihrem Endziel bezeichnen darf – obgleich solche letzten Ziele nur der Ausdruck der Wesenskräfte und ihrer inneren Gesetze sind, nicht aber das selbständig gesetzte Ziel, das von sich aus jenen die Richtung gäbe –, so ist die Formel des Kantischen Wesens: Grenzsetzung, die des Goetheschen: Einheit. Für Kant kam alles darauf an, und so läßt sich seine gesamte Leistung zusammenfassen, die Kompetenzen der inneren Mächte, die das Erkennen und die das Handeln bestimmen, gegeneinander abzugrenzen: der Sinnlichkeit ihre Grenze gegen den Verstand, dem Verstand die seinige gegen die Vernunft, der Vernunft die ihrige gegen den Glückseligkeitstrieb, der Individualität die ihre gegen das Allgemeingültige zu setzen. Damit sind zugleich in der Objektivität von Welt und Leben die Grenzstriche für die Kräfte, Ansprüche und Bedeutsamkeiten der Dinge selbst gezogen; es gilt für ihn, das praktische wie das theoretische Leben vor den Übergriffen, Ungerechtigkeiten und Verschwommenheiten zu schützen, die aus dem Mangel genauer Grenzen zwischen den subjektiven ebenso wie zwischen den objektiven Faktoren hervorgehen. Als so grundlegend er die Bedeutung der Synthese anerkennt, so ist sie ihm doch sozusagen nur die natürliche Tatsache, die er vorfindet, und an der nun erst seine Aufgabe, die Analyse und Grenzsetzung zwischen den Elementen des Seins beginnt. Zu jener großen Absicht, das Subjekt mit dem Objekt in ein einheitliches Verhältnis zu setzen, brachte er, als Werkzeuge seiner Detailarbeit daran, von Natur gleichsam die Instrumente des Markscheiders mit. Ersichtlich verhält sich der Künstler den Erscheinungen gegenüber umgekehrt. So sehr er auch zunächst das verwirrende Ineinander der Qualitäten, Betätigungen und Bedeutungen der Dinge auseinanderlegen muß, so macht doch seine innere Bewegung erst an der wiedergewonnenen Einheit Halt, der gegenüber alle Grenzsetzungen Interessen zweiten Ranges sind und die nur das Gegenbild der von vornherein bestehenden, durch den ganzen Prozeß hindurchwirkenden kosmischen Einheit ist. Gewiß ist die schließliche Einheit der Elemente und damit der Weltanschauung auch für Kant das Definitivum. Aber die persönliche Note, mit der er gleichsam die Tonart der dahin mündenden Bewegungen bestimmt, ist doch das Interesse an der Grenzsetzung; dies ist die große Geste, die seine Arbeit charakterisiert, wie die inneren Bewegungen Goethes in der Vereinheitlichung der Elemente ihren letzten Ausdruck finden: »Trennen und Zählen«, bekennt Goethe, »lag nicht in meiner Natur«; und ausdrücklich sagt er: »Dich im Unendlichen zu finden, mußt unterscheiden und dann verbinden«, während Kant die Verbindung vorfindet, und ihre Scheidung für sein dringlichstes Problem hält. Für Goethe ist die Einheit das Helle, die Getrenntheit das Dunkle – für Kant umgekehrt.

Wie in Kant das Prinzip der Grenzsetzung, so setzt sich bei Goethe das der Einheit aus der allgemeinen Anschauung der Natur in die Einzelheiten fort. Indem die Einheit der Natur sich in diesen dokumentiert, muß sich unter ihnen eine durchgehende Verwandtschaft zeigen, die höchstens einer Abstufung des Entwicklungsmaßes, aber keiner prinzipiellen Verschiedenheit mehr Raum gibt. Die »Gott-Natur«, die »göttliche Kraft, die überall entwickelt, die ewige Liebe, die überall wirksam ist«, läßt keinen Punkt des Daseins aus der Umfaßtheit durch ihren absoluten Wert heraus – während für Kant allerdings gleichfalls in der Natur keinerlei Unterschiede des Wertes bestehen; nun aber nicht, weil alles gleich wertvoll, sondern alles gleich wertfremd ist. Denn seine mechanistische Anschauung verlegt alle Werte aus der Natur heraus, und noch am Menschenwesen in dasjenige, was an ihm über alles »Naturhafte« hinausliegt. Zu jener, auf der Göttlichkeit der Natur gegründeten Wesensverwandtschaft aller Existenzen will ich nur ein paar Äußerungen Goethes hervorheben, die zugleich das plumpe Mißverständnis: seine angeblich hochmütig-aristokratische Weltanschauung, zurückweisen. Er betont einmal, daß zwischen dem gewöhnlichen Menschen und dem Genie doch eigentlich nur ein sehr geringer Unterschied, gegenüber dem, was ihnen gemeinsam wäre, bestünde. »Das poetische Talent«, sagt er ein anderes Mal, »ist dem Bauer so gut gegeben wie dem Ritter, es kommt nur darauf an, daß jeder seinen Zustand ergreife, und ihn nach Würden behandle.«

> »Wollen die Menschen Bestien sein,
> So bringt nur Tiere zur Stube herein;
> Das Widerwärtige wird sich mindern,
> *Wir sind eben alle von Adams Kindern.*«

Und endlich ganz umfassend: »Auch das Unnatürlichste ist Natur. Auch die plumpste Philisterei hat etwas von ihrem Genie. Wer sie nicht allenthalben sieht, sieht sie nirgendwo recht.« Die Einheit der Natur ergreift für ihn also auch das, was nach der Skala der Werte aufs äußerste einander entgegengesetzt scheint. Weil Äußeres und Inneres des gleichen Wesens sind, und zwischen ihren letzten Gründen keine Grenzsetzung möglich ist, so kann die Verschiedenheit des Maßes, in dem sie sich zu den einzelnen Erscheinungen mischen, keine wesentliche Verschiedenheit dieser begründen. Und wie zwischen den Menschen, so innerhalb des einzelnen Menschen. Er äußert den »Unmut«, den ihm die Lehre von den unteren und oberen Seelenkräften erregt habe. In dem menschlichen Geist, sowie im Universum, sei nichts oben noch unten; alles fordere gleiche Rechte an einem gemeinsamen Mittelpunkt, der sein geheimes Dasein eben durch das Verhältnis aller Teile zu ihm manifestiert. »Alle Streitigkeiten der Älteren und Neueren bis zur neuesten Zeit entspringen aus der Trennung dessen, was Gott in seiner Natur vereint hervorgebracht. Wer nicht überzeugt ist, daß er alle Manifestationen des menschlichen Wesens, Sinnlichkeit und Vernunft, Einbildungskraft und Verstand, zu einer entschiedenen Einheit ausbilden müsse, der wird sich in einer unerfreulichen Beschränkung immerfort abquälen.« Alles dieses würde Kant wohl prinzipiell auch zugeben; allein gerade an dieser Tatsache hebt sich die Divergenz der Denkrichtungen am deutlichsten ab. Für Goethe kommt es auf die Einheit an, die trotz der Grenzen der Seelenvermögen besteht; für Kant auf die Grenzen der Seelenvermögen, die trotz ihrer Einheit bestehen. Die Grenzsetzung ist für ihn das unmittelbare Korrelat der Einheit; er sagt einmal, nachdem er zwischen nahe benachbarten Wissensgebieten eine scharfe Grenze gezogen hat: »Diese *Absonderung* hat noch einen besonderen Reiz, den die *Einheit* der Erkenntnis bei sich führt, wenn man verhütet, daß die Grenzen der Wissenschaft nicht ineinanderlaufen, sondern ihre gehörig abgeteilten Felder einnehmen.«

Es wird für immer ein Schauspiel von weltgeschichtlicher Symbolik sein, wie zwei der größten Geister aller Zeiten um die Vereinheitlichung der in Zersplittertheit sich darbietenden Welt rangen; wie die errungenen Gestaltungen, letzte und vorletzte, sich oft in sozusagen zwillingshafter Ähnlichkeit darbieten; und wie zu dieser Ähnlichkeit in dem einen Richtungen des Seins und Wollens gewirkt haben, die denen des anderen im tiefsten fremd und entgegengesetzt sind. So entgegengesetzt, daß man von Feindseligkeit sprechen müßte, wenn nicht die Sphäre der höchsten Geistigkeit auch die unversöhntesten Scheidungen in einen Burgfrieden schlösse. Niemand freilich wird sich unterfangen, zu entscheiden, ob unterhalb solcher Polaritäten doch noch eine letzte Einheit allen Geisteslebens liegt, die sich in jenen gleichsam punktuellen Begegnungen wie aus der Ferne andeutet. So wenden beide sich gegen jene Getrenntheit der Erkenntniskräfte, auf der die überlieferten Theorien des Erkennens ruhten. Die Sinnesempfindungen, mit denen allein die äußere Welt sich uns kundzutun scheint, waren für den Sensualismus auch die alleinige Quelle und Gewähr des Wissens um die Welt; der Rationalismus umgekehrt, alle sinnliche Erkenntnis für bloßen Schein erklärend, sucht Wahrheit allein in dem verstandesmäßigen, der logischen Notwendigkeit nachgehenden Denken. Dem gegenüber erwies Kant die Erfahrung als das einzige uns gegebene Erkennen der Wirklichkeit – zugleich aber, daß Erfahrung nicht das Hinnehmen der Sinneseindrücke ist, sondern deren Formung durch jene Notwendigkeiten des Verstandes. Nur wo der Verstand nach den ihm eigenen Kategorien die Synthese an den sinnlichen Gegebenheiten übt, entsteht uns, über deren Subjektivität und Zufälligkeit hinaus, das verläßliche Erkenntnisbild der Gegenstände. Wenn nun auch für Goethe, wie ich anführte, die Getrenntheit der Seelenkräfte höchst verwerflich ist, wenn er ihr Wirken nur in Einheit anerkennt – so spiegelt sich der tiefste Unterschied beider Wesenheiten darin, daß für Goethe das Erkennen eine unmittelbare organische Funktion des Lebens ist, in dem Maße zulänglich und wahr, in dem es aus der Einheit des Grundes und des Weltverhältnisses eben dieses Lebens aufsteigt. Wird das Leben also in seiner Auseinanderzweigung in einzelne Seelenkräfte angesehen, so wirken freilich diese alle zum Erkennen zusammen; allein in jeder einzelnen wirkt das ganze Leben, und dessen einheitliche Wurzel ist doch schließlich das Hervortreibende und Bestimmende. Für Kant ist Erkenntnis die *Synthese* von eigentlich einander fremden, von verschiedenen Himmelsrichtungen des Geistes herkommenden Kräften; auf Goethes Bild des Erkennens, mag er seine Geistesart auch selbst als eine synthetische bezeichnen, paßt dieser Begriff nicht. Denn er fügt nicht zuvor Getrenntes zusammen, sondern behauptet ein ursprüngliches, vor aller Scheidung, die eine nachträgliche Synthese forderte, gelegnes Einssein. Die geistige Einheit, von der beide, im Gegensatz zu Sensualismus und Rationalismus, das Erkennen tragen lassen, ist bei Kant im Grunde eine mechanistische, bei Goethe dagegen eine vitalistische zu nennen.

Entsprechend wenden sich beide gegen die Vorstellung von den »Naturzwecken«. Daß in der Natur geistige Kräfte in einer Art, die der menschlichen Zwecktätigkeit entspricht, real wirksam walten; daß Bau und Funktion der Organismen die Absicht eines Baumeisters verraten, der sie menschlichen Maschinen analog konstruiert habe; daß das Universum von einem göttlichen Bewußtsein darauf angelegt sei, als ein Mittel für das Wohl des Menschen zu dienen – die Gegnerschaft gegen die Weltanschauung, von der dies die Äußerungen sind, offenbart die Gemeinsamkeit der Kantischen und der Goetheschen Kulturtendenz; ihre Begründungen dieser Gegnerschaft offenbaren freilich ihre Differenz. Von Naturzwecken in einem irgendwie konkreten Sinne, so meint Kant, kann nur für die innere Struktur der Lebewesen die Rede sein. Denn nur an ihnen findet sich das Merkwürdige, daß der einzelne Teil und seine Wirksamkeit überhaupt nur durch seine Beziehung auf das Ganze begriffen werden kann; ein jeder dient in Wechselwirksamkeit jedem anderen, d.h. er dient dem Ganzen, und nur indem wir Leben und Erhaltung dieses Ganzen als Endziel denken, wird uns die Funktion jedes einzelnen Teiles verständlich – im Unterschied gegen allen Mechanismus, dem gemäß jedes Element einfach mit den in ihm gesammelten Energien weiterwirkt, so daß ein Ganzes sich nur als die Summe von Elementen und Effekten ergibt, nicht aber zum Verständnis der einzelnen Wirkungen schon vorausgesetzt werden muß. Nun können wir uns aber ein Ganzes, das gewissermaßen vor seinen Teilen da wäre und deren Leistungen nach seinem Lebenszweck bestimmte, in keiner realen Weise denken. Dieses Ganze und sein Leben als Zweck besteht vielmehr nur als Idee eines menschlichen Betrachters, der diese als Leitfaden für das Begreifen der organischen Funktionen benutzt. Als objektiv und in empirischer Anschauung gültig können wir nur das mechanistische Prinzip zulassen; wenn wir aber dem Organismus gegenüber jeden Teil fragen müssen: wozu dient er innerhalb des Ganzen? – so ist das ein subjektives Hilfsmittel, das einzige, das nach der Art unseres Verstandes uns die Struktur des Lebewesens allmählich verstehen läßt. Daß dies in der Natur selbst objektiv, als eine bestimmende Absicht ihrer wirke, dürfen wir nicht behaupten. Dieser Kantischen Theorie bekennt Goethe »eine höchst frohe Lebensepoche schuldig« zu sein – vielleicht aber doch nur, weil er sie gar zu sehr in seinem eigenen Sinne deutete. Er hat nicht empfunden, daß das eigentliche Ideal, mit dessen Erreichung Kant das Verständnis auch der organischen Natur für abgeschlossen halten würde, doch der Mechanismus des Geschehens ist; nur daß Kant die Unmöglichkeit hiervon wohl zugab, aber nur, weil unser Verstand eben nicht anders eingerichtet sei und sich deshalb der Teleologie als einer – wie wir heute sagen würden – bloßen Arbeitshypothese bedienen müsse. Goethe aber weist Wirklichkeit und Wirksamkeit von Naturzwecken aus ganz anderen Motiven zurück: Die Natur, sagt er, »ist zu groß, um auf Zwecke auszugehen, und hat es auch nicht nötig«. Gründe für oder gegen die Teleologie, die in unserer Erkenntnisart liegen, entscheiden für ihn nicht. Aus dem Wesen der Natur selbst heraus urteilt er, weil er in ihr seine Erkenntnis wurzeln fühlte, so daß er in der letzteren gar keine Bedingungen zu suchen brauchte, die nicht unmittelbar mit denen der ersteren zusammenfielen – eine Überzeugung, die seiner anderen von der Individualisiertheit und dem rastlosen Wechsel menschlicher Einsicht eben darum nicht widersprach, weil ihm die Natur selbst ein fließendes und sich ewig neu gestaltendes, umgestaltendes Leben war. Er überwindet den Gegensatz zwischen den Erklärungen nach mechanistischen und nach Zweckprinzipien, indem ihm das Leben – der Organismen wie des Weltganzen – etwas Einziges, Unvergleichbares wie Unzerlegbares ist, das jenseits solcher einseitigen, der Abstraktion verdankten Begriffe steht. Er findet zwar in der Natur »große Maximen«: Polarität und Steigerung, Metamorphose und Typenbildung und andere; allein damit beschreibt er nur die Formen, in denen sich ihr Leben vollzieht, nicht aber die Triebkräfte dieses Lebens selbst, die vielmehr nur die eine sind – das All-Leben überhaupt, das wir nicht weiter beschreiben oder mit einem einzelnen Begriff decken können. So entfernt ist er von allem Mechanismus, daß er den Naturgesetzen, wie er sie sich denkt, »Ausnahmen« zugesteht, auch diese freilich umfaßt von einem höchsten unaussprechlichen »Gesetz, von dem in der Erscheinung nur Ausnahmen aufzuweisen sind« – so entfernt auch von aller Teleologie, daß er auch das Unnütze und Schädliche als ein Sinnvolles im »notwendigen Kreis des Daseins« anspricht. – So ist die Zurückweisung der Naturzwecke bei beiden in den Grundpositionen und deren Unterschied verankert: Kant spricht aus unserer wissenschaftlichen Erkenntnismöglichkeit heraus, die für ihn das Sein einschließt, Goethe aus dem Sein heraus, das für ihn auch unsere Erkenntnis einschließt.

Alle Analogie der erscheinenden Resultate also findet ihre innere Grenze von Seiten des letzten Motivs her, aus dem überhaupt ihre Anschauungsweise quillt und das bei dem einen ein wissenschaftliches, bei dem andern ein künstlerisches ist. Die Wissenschaft befindet sich immer auf dem Wege zu der absoluten Einheit des Weltbegriffes, kann sie aber niemals erreichen; auf welchem Punkte sie auch stehe, es bedarf von ihr aus immer eines Sprunges in eine andre Denkweise: religiöser, metaphysischer, moralischer, ästhetischer Art –, um das unvermeidlich Fragmentarische ihrer Ergebnisse zu einer völligen Einheit zu ergänzen und zusammenzuschließen. Das hat Kant sehr gut gewußt, und er bestimmt deshalb mit großer Entschiedenheit die Schranken nicht nur *innerhalb* seines Weltbildes, sondern auch dieses Weltbildes selbst, soweit er es als wissenschaftlich anerkennt, gegenüber dem Ideal der unbedingten Einheit der Dinge. Für Goethe andrerseits wird die Grenze, bis zu der die Analyse gehen darf, durch ein nicht weniger bestimmtes Kriterium gegeben; sie ist ihm von dem Punkt an unzulässig, wo sie die *Schönheit* der Dinge zerstört. Schönheit, so könnte man in Goethes Sinne sagen, ist die Form, in der Stoff und Idee, oder Materie und Geist sich gegenseitig innewohnen. Daß Schönheit da ist, daß wir sie empfinden, daß wir sie selbst bilden können, ist die Gewähr dafür, daß jene Einheit der Weltelemente besteht, nach der die Ideenbewegung der Zeit suchte, ist die Gewähr dafür, daß das geistige Subjekt und die objektive Natur sich begegnet sind; und sie können sich nur begegnen – so darf man ihn weiter ausdeuten –, wenn und weil sie von vornherein identisch sind. Wir müssen vielleicht auf die geheimnisvolle Gestalt Leonardo da Vincis zurückgehen, um einen Zweiten zu finden, der die Welt so restlos ästhetisch genossen, so jede Wirklichkeit zugleich als Schönheit empfunden hat. Weil Schönheit die Verkörperung ideellen Gehalts im realen Sein ist, so bedeutet die Durchgängigkeit *ihrer* Herrschaft die Auflösung jenes fundamentalen Gegensatzes zwischen dem geistigen und dem natürlichen, dem subjektiven und dem objektiven Prinzip des Seins, bedeutet die Erkenntnis seiner Nichtigkeit. Darum findet Goethe in der Schönheit das niemals trügende Kriterium für die Richtigkeit der Erkenntnis: in dem Augenblick, wo die – äußere oder intellektuelle – Zergliederung des Objekts die Schönheit seiner Erscheinung nicht mehr bestehen ließe, wären auch die Ergebnisse jener als unwahre erwiesen. Das Auseinanderreißen der Natur »mit Hebeln und mit Schrauben« ist ihm sozusagen theoretisch falsch, weil es ästhetisch falsch ist. Die Anerkennung der Geognosie ringt er sich nur schwer ab, da sie »doch den Eindruck einer schönen Erdoberfläche vor dem Anschauen des Geistes zerstückelt«. Daher auch sein Haß gegen die Zerstückelung Homers; er will ihn »als Ganzes denken«, weil er nur so seine Schönheit bewahre. Von analytischen Geistern, die die dichterisch-synthetische Auffassung der Dinge zerstören, meint er:

»Was wir Dichter ins Enge bringen,
Wird von ihnen ins Weite geklaubt.
Das Wahre klären sie an den Dingen,
Bis niemand mehr dran glaubt.«

In sehr tiefgreifender Weise bezeichnet dies das kleine Gedicht: »Die Freude«. Er entzückt sich an den Farben einer Libelle, will sie in der Nähe sehen, verfolgt und faßt sie und sieht – ein traurig, dunkles Blau. »So geht es dir, Zergliederer deiner Freuden!« Mit der zuweit getriebenen Zergliederung, die den ästhetischen Genuß zerstört, entschwindet also nicht etwa eine Illusion, sondern das ganz reale Bild des Gegenstandes. Ja, seine Abneigung gegen Brillen ist schließlich doch auch nur die gegen das scharfe Zerfasern der Erscheinungen, gegen das Zerstören des natürlich schönen Verhältnisses zwischen den Objekten und dem aufnehmenden Organ. Mit mindestens teilweisem Recht meint Helmholtz, das letzte Motiv für seine Polemik gegen Newtons Farbenlehre verrieten die Stellen, wo er über die durch viele enge Spalten und Gläser hindurchgequälten Spektra spottet, und die Versuche im Sonnenschein unter blauem Himmel nicht nur als besonders ergötzlich, sondern auch als besonders beweisend preist. Die Zerstörung des ästhetischen Bildes ist ihm zugleich die Zerstörung der Wahrheit. Die rechnerische Vorstellung der Dinge, wie die mathematische Naturwissenschaft sie durch Zerlegung in ihre, womöglich qualitätslosen, Elemente gewinnt, muß ihm wegen ihres Mankos an ästhetisch-anschaulichem Werte ein ebenso großer Frevel und Irrweg sein, wie umgekehrt für Kant dieses ästhetische Kriterium ein solcher gegenüber den Gegenständen des Naturerkennens wäre.

Der großen Zweiheit der Weltelemente, durch deren mannigfaltige Versöhnungen hin sich die Weltanschauung der neueren Zeit entwickelt, steht eine andere zur Seite, die sich viel früher als jene aufarbeitet, in ihrem Bildungsschicksal aber mit ihr verwandt ist: der praktische Dualismus zwischen dem Ich und der gesellschaftlichen Gesamtheit, aus dem man die Probleme der Sittlichkeit entspringen zu lassen pflegt. Auch hier beginnt die Entwicklung mit einem Indifferenzzustand: die Interessen des Einzelnen und der Gesamtheit haben in primitiven Kulturen überhaupt noch keine nennenswerte oder bewußte Entgegengesetztheit; der naive Egoismus hat zwar gelegentlich, aber noch nicht prinzipiell einen anderen Inhalt als der Gruppenegoismus. Sehr bald freilich bildet sich mit der anhebenden Individualisierung der Persönlichkeiten ein Gegensatz zwischen beiden heraus, und damit die Forderung an den Einzelnen, sein persönliches Interesse dem der Allgemeinheit unterzuordnen: dem Wollen tritt ein Sollen gegenüber, der natürlichen Subjektivität ein objektives Moralgebot. Und abermals erhebt sich die Einheitsforderung: diesen Dualismus durch Unterdrückung der einen Seite oder durch gleichmäßige Befriedigung beider aufzuheben; wobei es sich hier ersichtlich um eine Lösung handelt, die den Wert des Lebens überhaupt auf sein Maximum bringt.

Die Antwort vollzieht sich bei Kant und Goethe in fast genauem Parallelismus mit dem Verhältnis ihrer theoretischen Weltanschauungen. Bei Kant durch ein objektives Moralgebot, das jenseits jeglichen besonderen Interesses steht, aber in der Vernunft des Subjekts wurzelt; bei Goethe durch eine unmittelbare innere Einheit der sittlich-praktischen Lebenselemente, durch eine die Gegensätze einschließende Natur des Menschen und der Dinge. Kants zentraler Gedanke beruht hier auf der völligen Scheidung zwischen der Sinnlichkeit und der Vernunft; einen Wert erhalte das Handeln erst dadurch, daß es unter absoluter Rücksichtslosigkeit gegen die erstere ausschließlich der letzteren gehorche. Diese aber enthält zwei Momente: einmal die Selbständigkeit des Menschen, die verneint ist, sobald sinnliche Motive uns bestimmen, deren Anregung und Befriedigung von außen, von der Gegenwart bestimmter Objekte abhängig ist; zweitens die völlige Objektivität des Sittengesetzes, das mit allen individuellen Reserven, Besonderheiten und Velleitäten schonungslos aufräumt und den ganzen Wert des Menschen ausschließlich darauf gründet, daß er seine Pflicht erfüllt, und zwar nicht nur äußerlich erfüllt, sondern auch um der Pflicht willen; sobald sich irgendein anderes Motiv als dieses in die Handlung mischt, hat sie keinen Wert mehr. Ist diese Bedingung aber erfüllt, so ist der Mensch in eine höhere, überempirische Ordnung eingestellt, und gewinnt so durch sein Handeln einen Wert, eine absolute Bedeutung, hinter der all sein bloßes Denken und Erkennen, das sich nur auf Empirisches und Relatives bezieht, weit zurücksteht.

An diesem letzteren, äußerst charakteristischen Punkte der Kantischen Lehre, dem »Primat der praktischen Vernunft vor der theoretischen«, ist Goethe mit ihm völlig einverstanden. Unaufhörlich betont er, wie Handeln im sittlichen Sinne unser erstes Interesse zu bilden habe. Wie er es als der Weisheit letzten Schluß erklärt, daß man sich das Leben täglich praktisch erobere, wie er den Begriff des Menschen mit dem des Kämpfers identifiziert, so erklärt er, daß er überhaupt nur *handelnd* denken könne, und daß ihm alle bloße Belehrung direkt verhaßt wäre, wenn sie nicht zugleich seine Tätigkeit belebte. Der Primat der sittlich-praktischen Tüchtigkeit vor aller bloßen Intellektualität und Theorie steht ihm ebenso fest wie Kant.

Für ihre ethische Anschauung bedeutet dies die gleiche Übereinstimmung wie für ihre allgemeine Weltanschauung die Überwindung des oberflächlichen Dualismus der inneren und der äußeren Natur. Aber sogleich trennen sich, hier wie dort, die Wege oberhalb – oder unterhalb – dieser gleichsam nur punktuellen Gemeinsamkeit. Wie für Kant das Unerkennbare des Daseins ein absolutes Jenseits ist, von allem Gegebenen brückenlos geschieden, für Goethe aber nur die in das Mystische sich verlierende Tiefe der Anschauungswelt, in die der Weg von dieser, wenn auch unbeendbar, so doch ohne Sprung führt – so liegt für Kant der sittliche Wert in einer dem Wesen nach anderen Welt, als alles andere Dasein und seine Bedeutungen, von diesen aus nur durch eine radikale Wendung und innere »Revolution« zu erreichen. In der Goetheschen Anschauung aber ist der sittliche Wert mit den übrigen Lebensinhalten in einer einheitlichen, kontinuierlich aufsteigenden Reihe verbunden, und sein auch für ihn unbezweifelbarer Primat ist jenen gegenüber der Rang des primus inter pares. Jener fundamentale und unversöhnliche *Wertunterschied* zwischen der sinnlichen und der vernünftigen Seite unseres Wesens, auf dem die ganze Kantische Ethik steht, muß Goethe ein Horror sein – wie überhaupt sein eigentlicher Todfeind der christliche Dualismus ist, der die Sichtbarkeit der Welt und ihren Wert auseinanderreißt. Die metaphysische Einheit der Lebenselemente muß sich für ihn praktisch in eine Werteinheit derselben umsetzen. Daß er, wie wir sahen, das Innere und das Äußere nicht trennen kann, daß er statt der »oberen und unteren Seelenkräfte« einen gemeinsamen Mittelpunkt des psychischen Daseins fordert – das entstammt doch wohl der in die letzten Tiefen seiner Persönlichkeit hineinreichenden und allem Beweisen und Widerlegen unzugänglichen Empfindung einer Gleichheit und Harmonie aller unserer Wesensseiten in bezug auf den Wert, den jede besitzt. Wie für ihn in der anschaulichen Welt nichts so klein, flüchtig oder abseitsliegend ist, daß sich nicht seine ganze Aufmerksamkeit darauf richten könnte und daß es ihm nicht zum Spiegel ewiger Gesetze, zum Repräsentanten der Gesamtheit des Alls würde, so läßt es in der subjektiven Welt die gewaltige Einheit seines Lebensgefühles nicht zu einem prinzipiellen Wertunterschiede seiner einzelnen Energien kommen. Goethes Existenz wird durch das glücklichste Gleichgewicht der drei Richtungen unserer Kräfte charakterisiert, deren mannigfaltige Proportionen die Grundform jedes Lebens abgeben: der aufnehmenden, der verarbeitenden, der sich äußernden. In diesem dreifachen Verhältnis steht der Mensch zur Welt: zentripetale Strömungen, das Äußere dem Inneren vermittelnd, führen die Welt als Stoff und Anregung in ihn ein, zentrale Bewegungen formen das so Erhaltene zu einem geistigen Leben und lassen das Äußere zu einem Ich und seinem Besitz werden, zentrifugale Tätigkeiten entladen die Kräfte und Inhalte des Ich wieder in die Welt hinein. Wahrscheinlich hat dieses dreiteilige Lebensschema eine unmittelbare physiologische Grundlage, und der seelischen Wirklichkeit seiner harmonischen Erfüllung entspricht eine gewisse Verteilung der Nervenkraft auf diese drei Wege ihrer Betätigung. Beachtet man nun, wie sehr das Übergewicht eines derselben die anderen und die Gesamtheit des Lebens irritiert, so möchte man ihre wundervolle Ausgeglichenheit in Goethes Natur als den physisch-psychischen Ausdruck für deren Schönheit und Kraft ansehen. Er hat innerlich sozusagen niemals vom Kapital gezehrt, sondern seine geistige Tätigkeit war fortwährend von der rezeptiven Hinwendung zur Wirklichkeit und allem, was sie bot, genährt; seine inneren Bewegungen haben sich nie gegenseitig aufgerieben, sondern seine ungeheure Fähigkeit, sich nach außen hin handelnd und redend auszudrücken, verschaffte jeder die Entladung, in der sie sich völlig ausleben konnte: in diesem Sinne hat er es so dankbar hervorgehoben, daß ihm ein Gott gegeben hat, zu sagen, was er leidet. So könnte man in seiner Denkrichtung aussprechen: wenn irgendeine Lebensenergie prinzipiell einer anderen untergeordnet ist, so sei sie eben dadurch, daß sie diese ihr zukommende Stelle ausfüllt, gerade so wertvoll wie die höhere, die auch nichts kann, als ihre Funktion ausüben, und das eben erst im Zusammenwirken mit der ersteren kann; so daß jene antiaristokratische Meinung über die annähernde Gleichwertigkeit der Menschen – vor der er übrigens selbstverständlich im Empirischen und nach dem einmal rezipierten Maßstab den Unterschied zwischen der blöden Menge und den großen Menschen nie übersieht – ihre Analogie innerhalb des einzelnen Menschen, in Beziehung auf seine Wesenselemente findet. Wenn ich vorhin die Einheit des Inneren und des Äußeren, des Subjektiven und des Objektiven, des Ideellen und des Realen als die Voraussetzung der künstlerischen Weltanschauung hervorhob, so kommen wir hier vielleicht auf die noch tiefere Fundamentierung dieses Fundaments; jenes In- und Miteinander der Weltelemente ist doch vielleicht nur der Ausdruck, man könnte sagen: die metaphysische Rechtfertigung ihrer *Wert*gleichheit, die er empfindet. Das mag auch der Grund sein, weshalb das antike Unverhülltsein seiner sinnlichen Derbheiten immer künstlerisch wirkt, weil es jene Gleichberechtigung der Wesensseiten aufs schärfste verdeutlicht, die, zu einer allgemeinen Weltanschauung geformt, die Metaphysik aller Kunst ausmacht.

Indem ihm so das auf das eigene und sinnliche Glück gerichtete Ideal mit dem Vernunftideal eine Einheit bildet, erhebt er sich ganz über den Gegensatz zwischen eudämonistischer und rationalistischer Moral, auf dem die Kantische Ethik ruht. Vielen Mißverständnissen gegenüber muß durchaus betont werden, daß seine Fremdheit gegen die logische Strenge der Vernunftethik absolut nicht bedeutet, er habe das Leben einem sinnlichen und Genußideal untertan machen wollen. Ja, um seinen Abstand hiervon zu begreifen: er kann es direkt aussprechen (1818), es sei Kants unsterbliches Verdienst, daß er die Moral »dem schwankenden Kalkül einer bloßen Glückseligkeitstheorie entgegengestellt« und sie in ihrer höchsten übersinnlichen Bedeutung erfaßt habe. Das widerstreitet gar nicht dem Ausruf in den Lehrjahren: »O der unnötigen Strenge der Moral, da die Natur uns auf ihre liebliche Weise zu allem bildet, was wir sein sollen.« Denn die Übersinnlichkeit, die er dort meint, ist eben nicht die Kantische, die einerseits eine exklusive Vernunftherrschaft, andrerseits unsere Einstellung in eine transzendente Ordnung der Dinge bedeutet. Goethes Übersinnliches will hier nur die allumfassende Natur besagen, die freilich ebensowenig einseitige Sinnlichkeit ist wie einseitige Vernünftigkeit. Das spricht er ganz unzweideutig einige Jahre später in einem Briefe an Carlyle aus: »Einige haben den Eigennutz als Triebfeder aller sittlichen Handlungen angenommen; andere wollten den Trieb nach Wohlbehagen, nach Glückseligkeit als einzig wirksam finden; *wieder andere setzten das apodiktische Pflichtgebot obenan*: und keine dieser Voraussetzungen konnte allgemein anerkannt werden, man mußte es zuletzt am geratensten finden, aus dem ganzen Komplex der gesunden menschlichen Natur das Sittliche sowie das Schöne zu entwickeln.« Die eigentliche Großartigkeit des Kantischen Moralismus, die uns immer wieder über seine Verengerung und Vereinseitigung der Wertsphären tröstet, hat Goethe freilich niemals erfaßt. Das sittliche Sollen ist für Kant die eine Karte, auf die der ganze Wert des Lebens gesetzt ist; und daran mußte Goethe vor allem die ungeheure Vergewaltigung aller anderen Lebensgebiete fühlen. »Alles Sollen ist despotisch«, sagt er, und ihm, dem aus der tiefen Einheitlichkeit des Seins die gleichberechtigte Freiheit all seiner Elemente quoll, erschien dies unerträglich, weil er nicht in die Tiefe der Kantischen Lehre drang, in der dieses Sollen sich als die äußerste und unbedingte Freiheit des Ich offenbarte. Denn den »Despotismus« jenes Sollens kann nach der Kantischen Deutung weder ein Gott noch ein Staat, weder ein Mensch noch eine Sitte uns auferlegen, sondern allein wir selbst. Die ganze Peripherie des Lebens erscheint Kant von Mächten mindestens mitbestimmt, die außerhalb des tiefsten Ich liegen, und nur an dem Punkte der sittlichen Freiheit, d.h. an dem Gesetze, das wir uns selbst auferlegen, bricht dieses hervor – in unversöhnlichem Gegensatz freilich zu dem Künstler, dem alles scheinbar Äußerliche der Ort für die Bewährung seiner tiefsten Persönlichkeitskräfte ist.

Wenn unsere Natur einheitlich ist, weil die Natur überhaupt es ist, so zeigt sich damit der ethisch-praktische Konflikt nicht nur in uns, sondern auch außerhalb unser als nichtig. Sie muß das Ich und seine Interessen mit der sozialen Gesamtheit ebenso versöhnen, wie die Sinnlichkeit mit der Vernunft. Daraus erklärt sich, daß Goethe den eigentlich sozialen Problemen auch in ihren allgemeinsten Formen ganz fremd gegenübersteht. Denn immer handelt es sich in diesen darum, das unzulängliche oder verschobene Gleichgewicht zwischen dem Individuum und seinem sozialen Kreise herzustellen. Goethe steht hier ganz auf dem Boden seiner Zeit, die von dem Einzelnen als Sozialwesen nur zu fordern pflegte, daß er seine persönliche Kraft und Einzelinteresse ganz individuell bewähre. Völlig im Tone des landläufigen Liberalismus bemerkt er gegen die Saint-Simonisten, daß jeder bei sich anfangen und zunächst sein eigenes Glück machen müsse, woraus denn zuletzt das Glück des Ganzen unfehlbar entstehen werde. Allein ein tiefstes metaphysisches Motiv liegt dem zugrunde. »Glück« versteht er nicht als ein isoliertes Wohlbefinden des Menschen, sondern als sein harmonisches Verhältnis zum Ganzen des Seins, mit dem allein die Vollendetheit des individuellen Seins zustande kommt. »Wenn man mit sich selbst einig ist,« sagt er einmal, »ist man es auch mit andern.« Sein Gefühl für die Einheit des Weltlebens duldet es nicht, daß zuhöchst, definitiv, die Vollendung einer persönlichen Existenz der Vollendung der andern widerspräche. Darum ist es allerdings unmöglich, daß jemand »Glück« in diesem tiefen, den Umfang des Wesens erfüllenden Sinne, finde, ohne daß der Kreis, der für ihn die Welt bedeutet, die gleiche Entwicklung erführe. Diese vielleicht allzuschnelle Übertragung eines metaphysischen All-Gefühles auf empirische Verhältnisse wird, wie ich glaube, bei ihm durch ein ästhetisches Moment ergänzt. Er verlangt einmal vom Künstler, er solle »höchst selbstsüchtig« verfahren, nur das tun, was ihm Freude und Wert ist. Für die Kunst ist dieser Liberalismus auch völlig angebracht, weil hier tatsächlich ein Maximum von Gesamtwert entsteht, wenn jeder Künstler *seinem* individuellen Ideale nachgeht; und weil das objektiv Wertvolle der Kunst, das jenseits des Gegensatzes von Ich und Du steht, sich dem Künstler allerdings in der Form eines persönlich leidenschaftlichen Begehrens darstellt. Für ästhetisch angelegte geringwertige Naturen droht hiermit freilich die Gefahr eines Libertinismus, der die ästhetischen Werte ausschließlich ihrer subjektiven Genußseite wegen kultiviert, unter dem Selbstbetrug, daß sie, als ästhetische, an sich selbst etwas Überindividuelles, objektiv Wertvolles seien. Solche Tendenz auf den Genuß als das Letztentscheidende lag Goethe völlig fern, wenn er das egoistische Prinzip betonte. Er war sich bewußt, nur seine einheitliche Persönlichkeit zu entwickeln – und dasselbe von andern zu verlangen – die freilich eine subjektive und eine objektive Seite hatte; wobei es denn sozusagen nur eine technische Frage war, welche von beiden gelegentlich die Führung übernahm. Der künstlerische, der Produktion objektiver Werte sich bewußte Egoismus verhält sich deshalb durchaus kühl den Aufgaben gegenüber, die aus der Spaltung der Individuen hervorgehen und deren Versöhnung nun gerade durch den Verzicht auf allen Egoismus gewinnen wollen. Statt der Versuche, jenem sozialen Antagonismus der Menschen eine bestimmte Form zu geben oder ihn zu überwinden, interessiert Goethe vielmehr das »Allgemein-Menschliche« als der unmittelbare Ausdruck, sozusagen als die menschliche Form der metaphysischen Einheit der Natur; die menschliche Natur ist ebensowenig eigentlich zu korrigieren, sondern nur zu entwickeln, wie unsere Theorie sie sich nicht durch künstliche, ihr Wesen alterierende Experimente, sondern nur durch ruhige Beobachtung ihrer freiwilligen Entfaltung nahe zu bringen habe. »In jedem Besonderen«, so hofft er, »wird man durch Nationalität und Persönlichkeit hindurch jenes Allgemeine immer mehr durchleuchten sehen.« In ähnlicher Gesinnung hat dann Nietzsche, trotz oder wegen des leidenschaftlichen Interesses für den Menschen und die Gesamtentwicklung der Menschheit, eine absolute Gleichgültigkeit gegen alle sozialen Fragen an den Tag gelegt. Dagegen ist für den Sozialforscher oder -politiker *der Mensch* überhaupt kein Problem, sondern nur die *Menschen*. Kants Moralgesetz ist, wie Schleiermacher sagte, »nur ein politisches«: es gibt die präzise und erschöpfende Formel für den Menschen, der seinen sozialen Pflichten gleichsam von Natur feindlich gegenübersteht und ein Verhalten sucht, mit dem dennoch ein Zusammenleben aller möglich ist. Der äußere wie der innere Dualismus des Menschen bleibt für Kant, im Praktischen nicht weniger als im Theoretischen, im Vordergrund des Bewußtseins, und seine Lösung ist gleichsam nur eine labile, die mit dem Weiterbestand des Konflikts rechnet. Wenn Goethe aber es als sein Ideal bezeichnet, »eine gewisse sittlich-freisinnige *Übereinstimmung durch die Welt* zu verbreiten«, so ist die Voraussetzung dafür die Negation eben jener Scheidung und Entgegengesetztheit zwischen Individuum und Gruppe und zwischen Gruppen untereinander, aus der die sozialen Probleme entspringen. Das kosmopolitische Ideal Goethes ist Ausdruck und Gegenbild der einheitlichen Menschennatur, deren Wesensseiten sich gleichberechtigt durchdringen und so sehr der Ausdruck *eines* metaphysischen Sinnes sind, wie die Elemente der menschlichen Gesellschaft und der Welt überhaupt.

Da nun aber die Moral in dem landläufigen Sinne des Wortes sich auf jener von Kant akzeptierten Spaltung *innerhalb* des Menschen und *zwischen* den Menschen erhebt, so kann die Goethesche Weltanschauung *in diesem Sinne* keine moralische heißen; selbstverständlich ist sie darum keine unmoralische, sondern steht jenseits dieses Gegensatzes. Da die Natur an sich schon Ort und Darstellung der Idee ist, so ist das Höchste, wozu Menschen gelangen, der Inhalt der höchsten Forderung an sie, daß sie das, was die Natur in sie gelegt hat, aufs vollständigste und reinste ausbilden. Das Moralische im engeren Sinne ist wohl eine Seite davon, aber weil es eben nur eine *Seite* ist, kann sie gelegentlich hinter einer anders gerichteten zurücktreten müssen, wenn dadurch eine vollständigere Entwicklung der Natur oder der Idee der Person erreicht wird. Von Klopstock sagt er einmal, er wäre, »von der sinnlichen wie von der sittlichen Seite betrachtet, ein reiner Jüngling« gewesen. Daß er so die sinnliche Reinheit noch von der sittlichen unterscheidet, zeigt einen Sittlichkeitsbegriff, der über die Moral im engeren Sinne weit hinausgeht: er deutet damit an, daß die sinnliche Reinheit noch lange keine sittliche, vielleicht sogar, daß die sittliche noch keine sinnliche zu sein braucht. So sind auch seine Vorstellungen über das Verhältnis der Geschlechter oder über die Taten Napoleons oder über die Verbindung des Einzelnen mit seiner Nation sicher den gewöhnlichen ethischen Idealen keineswegs adäquat; sie werden eben ganz von dem darüber gelegenen Ideal der Natur beherrscht: daß der Mensch – so könnte man in Goethes Sinne sagen seine Triebe und Anlagen in der Art und mit der Auswahl zu entwickeln habe, daß ein Maximum von Gesamtentwicklung herauskommt. Da das Sein und der Wert nichts Getrenntes sind – »am Sein erhalte dich beglückt!« – so ist die höchste Steigerung des Seins auch die des Wertes. Ihren tiefsten Ausdruck scheint mir diese übermoralische Moral in dem folgenden merkwürdigen Satz zu gewinnen, den er sich aus antiker Quelle aneignet: »Was die Menschen gesetzt haben (nämlich als Gesetze), das will nicht passen, es mag recht oder unrecht sein; was aber die Götter setzen, das ist immer am Platz, recht oder unrecht.« Über den Gegensatz von Recht und Unrecht, also über den am Kriterium der Moral entstandenen, stellt er hier einen höheren Begriff: das »Passen«, d. h. die Fähigkeit der Einzelheit, sich in den letzten, höchsten Zusammenhang und Harmonie der Dinge einzustellen. Hiermit ist aufs entschiedenste bezeichnet, wie weit er über den

Moralismus Kants hinausgeht. Kant sieht in dem sittlichen Menschen den Endzweck der Welt, den alleinigen, absoluten Wert. Der sittliche Mensch hat für ihn etwas Unendliches, weil er die Lösung eines eigentlich unlösbaren Konflikts ist. Diesen fundamentalen Zwiespalt gibt es für Goethe nicht. Darum kann auch die Moral nicht sein Absolutes und Letztes sein, sondern nur eines der Lebensprobleme und andern koordiniert – während sie bei Kant die schlechthin einzige Stellung einnimmt: allein aus der Welt des Lebens in die transzendente hinaufzureichen, in dem der Mensch im sittlichen Handeln alle sinnlich-empirischen Triebfedern hinter sich läßt. Während er mit Goethe in dem negativen Teile der Wertfrage übereinstimmt, und beide die Glücksempfindung als definitiven Lebenswert weit von sich weisen, bleibt Kant an dem Gegenteil haften, indes Goethe sich über den ganzen Gegensatz erhebt und die harmonische Einheit des Seins, in der Glück und Unglück, Sittlichkeit und Unsittlichkeit nur einzelne Momente sind, als den letzten Sinn, das absolute Maß alles Lebens erkennt – auch dies also einer der Fälle, in denen die Gleichheit eines erscheinenden Resultates oder eine gemeinsame Feindschaft nicht über die Gegenrichtung der Quellen täuschen darf, aus denen diese schließliche Gleichheit sich speist. Ich stehe nicht an, jenen angeführten Satz für eine der tiefsten und größten Deutungen vom Sinn des Daseins zu halten; er läßt uns einen fundamentalen Zusammenhang, eine gegenseitige Beziehung aller Dinge ahnen, in dem die Einheit der Natur besteht oder sich offenbart und demgegenüber es ein kleinlicher Anthropomorphismus ist, in dem zufälligen Ausschnitt, den wir als Moral bezeichnen, den Höhepunkt des Seins zu erblicken.

Niemand wird die Kraft und Größe der Kantischen Überzeugungen leugnen wollen, daß nichts innerhalb, ja außerhalb der Welt denkbar wäre, was ohne Einschränkung gut genannt werden dürfe, als allein ein guter Wille; daß aller religiöse Glaube nur als Folge und als Forderung der Moral ein Recht habe; daß, wenn man einen Endzweck der Natur überhaupt denken wollte, dies nur der Mensch unter moralischen Gesetzen sein könne. Dennoch ist es nicht ohne weiteres abzuweisen, daß hierin vielleicht ein Größenwahn des Menschen zum Durchbruch kommt. Man mag die Würde und Heiligkeit der sittlichen Freiheit und der Pflicht innerhalb des menschlichen Seins noch so hoch steigern; aber daß sie über dessen

Umkreis hinausgreift, um das metaphysische Weltbild zu dominieren – das ist eine eigenartige Übersteigerung, begreiflich aus einer Philosophie heraus, der die Welt ein Bewußtseinsinhalt und der Verstand der Gesetzgeber der Natur ist. Trotz der Verehrung, die Goethe stets für die Kantische Moral ausgesprochen hat – die übrigens, soviel ich sehe, immer nur ihrer menschlich-sittlichen Bedeutung, nicht ihrer metaphysischen gilt –, müßte ihm diese letztere als eine Unfrömmigkeit und Überhebung gelten. Denn es hat einen ganz anderen Sinn, wenn auch Goethe gelegentlich den Menschen als das Endziel der Welt bezeichnet. Nach der Schilderung eines harmonisch vollendeten Menschen, dessen »gesunde Natur als ein Ganzes wirkt«, fährt er fort: »Dann würde das Weltall, wenn es sich empfinden könnte, als an sein Ziel gelangt, aufjauchzen und den Gipfel des eigenen Werdens und Wesens bewundern. Denn wozu dient all der Aufwand von Sonnen und Planeten, von gewordenen und werdenden Welten, wenn sich nicht zuletzt ein glücklicher Mensch unbewußt seines Daseins erfreute?« Offenbar ist die Richtung des Wertgefühles hier die umgekehrte als bei Kant. Für diesen kommt der Wert vom Menschen her über die Natur, für Goethe aber von der Natur her über den Menschen, dessen Vorzugstellung gerade nur darauf ruht, daß die Natur sich zu ihm, als zu ihrem höchsten Gebilde, emporentwickelt hat. Daß der Mensch als Endziel der Weltentwicklung gilt, setzt ihn bei Kant allem sonstigen Dasein gegenüber und in eine absolute Höhe, deren Schroffheit nach der Seite der Natur hin dadurch keineswegs gemildert wird, daß nicht der empirische Mensch, sondern nur sozusagen die Idee seiner – aber eben doch die Idee *seiner* – auf ihr thront. Und dieses selbe, daß der Mensch als das Endziel der Weltentwicklung gilt, stellt ihn für Goethe ganz in diese Entwicklung ein, läßt ihm aus dem Ganzen des natürlichen Seins den Wert zufließen, den Kant umgekehrt diesem Sein nur als eine Art ihm innerlich fremden Abglanzes menschlich-vernünftiger Würde zu gewinnen weiß.

Daß das Handeln des Menschen eine Wertbedeutung hat, die den bloß theoretischen Inhalt seines Wesens überragt, daß mit jenem sozusagen seine Weltstellung eine tiefer gegründete, in die letzten Zusammenhänge enger verflochtene ist, als wenn er, als Wissender, ein noch so treuer Spiegel der Wirklichkeit wäre – das steht mit alledem freilich für beide Geister fest. Allein wenn man dies den

»Primat der praktischen Vernunft vor der theoretischen« nennen kann, so hat dieser Ausdruck Kants für ihn einen anderen Sinn, als er für Goethe haben kann. Er bedeutet bei Kant, daß wir aus den ethischen Interessen heraus einen Glauben an Gott, an unsere Freiheit, ja, an eine Existenz nach dem Tode gewinnen, die uns als Realitäten, d.h. als Gegenstände des Wissens völlig versagt sind. Wie uns die Sittlichkeit schon durch die Selbstlosigkeit der Pflicht in eine übersinnliche Ordnung einstellt, so öffnet sie uns durch den moralischen *Glauben* den Blick in ein Reich der Gerechtigkeit, der Ausgleichung von Tugend und Glückseligkeit, das nicht von dieser Welt ist, und das dem auf die Erscheinungen der Wirklichkeit eingeschränkten Wissen verschlossen ist. Für Goethe aber handelt es sich darum, daß wir mit der Tätigkeit und den durch sie realisierten Werten gerade erst unser Verhältnis zu der Gesamtheit der Welt – eben der erscheinenden, der realen – ganz vollziehen. Kants Primat der praktischen Vernunft vor der theoretischen besiegelt die abgründige Fremdheit zwischen dem sittlichen Werte unserer Existenz und der Realität des Daseins, indem nur jener uns an eine Welt der Ideen, des Seinsollenden, des Metaphysisch-Guten rühren läßt, an die alle unsere auf Wirklichkeit gerichtete Erkenntnis nicht heranreicht. Von der ebenso zu benennenden Überzeugung Goethes wird umgekehrt jene Kluft gerade überbaut, weil die rechte Wirksamkeit des Menschen ihn in die Totalität des Daseins einstellt, in der Sinnliches und Übersinnliches, Erfahrung und Idee eine undurchbrochene Einheit bilden.[1] Während bei Kant die Tat des Menschen zwei Seiten hat, die innere, unserem »Ding-an-sich« angehörige, und die äußere, allein wirklich erkennbare, und damit in zwei unversöhnten Welten wohnt, ist für Goethe die reine Tätigkeit, die im Sichtbaren verläuft und in das Empirische hineinwirkt, eben damit die Offenbarung der Idee des Menschen, mit ihr wird unser Sein ein Element und eine Kraft innerhalb der Welt, unser Letztes und Eigentlichstes in diese einordnend, und im Maße unsres sittlichen Wertes, d.h. unsrer »Reinheit«, den absoluten Sinn des Seins

---

[1] Ich sehe hier von gewissen dualistisch gestimmten Äußerungen Goethes, namentlich aus seiner Spätzeit, ab, da es sich hier nicht um Goethes Gesamterscheinung, sondern um diejenigen ihrer Seiten handelt, mit denen sich eine jedenfalls in sich geschlossene Weltanschauung, die das Gegenbild der Kantischen bietet, aufbaut.

überhaupt verwirklichend. Das Tun hat hier den Primat vor dem Erkennen, weil es die Welt in ihrer *zugleich* physischen und metaphysischen Vollendung bilden hilft, die am Erkennen erst ein nachträgliches Abbild gewinnt.

Und hier kann auch darauf hingedeutet werden, daß Goethes Weltanschauung in letzter Instanz nicht nur über dem Moralismus, sondern auch über dem Ästhetizismus stehen dürfte. Gewiß überragt das ästhetische Motiv bei ihm an Wirksamkeit alle in dem gleichen Niveau stehenden, und man kann es, wie wir es getan haben, überall zur Interpretation seines Standpunktes benutzen; alle Einzelheiten führen darauf wie auf ihren Schnittpunkt hin. Allein dennoch liegt unterhalb seiner eine noch tiefere, sozusagen elementarere Beschaffenheit, sein eigentlichstes Sein, von dem auch das künstlerische Motiv nur die Erscheinung und Darstellung in empirischem Material ist. Wenn sich nämlich das Goethesche Existenzbild so darbietet, daß die Identität von Natur und Geist, das pantheistische Eins in Allem, Alles in Einem – als Konsequenz seiner ästhetischen Grundtendenz auftritt, so kann sehr wohl im letzten Fundamente der Zusammenhang der umgekehrte sein: die tiefste Schicht seiner Natur, jenes ganz Primäre und Absolute, in dem alles eigentlich Benennbare des Wesens erst wurzelt, mag eben ein Gefühl von dem elementaren und ihn selbst einschließenden Zusammenhang alles Seins gewesen sein. Mehr als irgend jemand, von dem wir wissen – auch Spinoza nicht ausgeschlossen –, scheint jene geheimnisvolle Einheit aller Existenz, an der die Philosophie von jeher herumgetastet hat, in ihm den Inhalt des Lebensgefühls selbst ausgemacht zu haben. Gerade wie man von religiös begeisterten Menschen sagt, daß der Gott in ihnen lebt, so war offenbar in seinem subjektiven Existenzgefühl dasjenige lebendig, was man, um irgendeinen Ausdruck dafür zu haben, nur die metaphysische Einheit der Dinge nennen kann; ja, daß sie so in ihm lebte, das machte ihn eben aus, das war er. Dieser Bestimmtheit seines Seins überhaupt gegenüber, die sich im Selbstbewußtsein erst *spiegelt*, erscheint seine künstlerische Anschauung und Betätigung doch nur als das Verhältnis, das eine so qualifizierte Natur zu der besonderen Richtung ihrer Talente, zu ihrer kulturell und historisch bestimmten Umgebung, zu äußeren Anregungen und Wirkungsmöglichkeiten gewinnt, als ein *Ausdruck* seines eigentlichen Wesens, aber nicht als das Wesen selbst. Als Existenz überhaupt, gleichsam als Substanz, mit der er in die Formen und Bewegungen der Welt eintritt, steht er jenseits des Ästhetischen, das sich vielmehr erst im Zusammenschlage jener mit diesen Formen und Bewegungen ergab und sein empirisches Bild gestaltete. Diese letztinstanzliche Bedeutsamkeit des Lebens, auf die man schließlich nur von einer unüberwindlichen Distanz her hinzeigen, die man aber nie mit unzweideutigen Begriffen ergreifen kann, muß der merkwürdigen Äußerung zugrunde liegen, die er zu Eckermann tut, als von seiner Theaterleitung und den vielen, für sein künstlerisches Schaffen dadurch verlorenen Jahren die Rede ist. Im Grunde gereue ihn dieser Verlust doch nicht, sagt er. »Ich habe all mein Wirken und Leisten immer nur symbolisch angesehen, und es ist mir im Grunde ziemlich gleichgültig gewesen, ob ich Töpfe machte oder Schüsseln.« So erscheint ihm selbst also sein künstlerisches Tun als ein bloßes Sich-Ausprägen, Sich-Umsetzen einer tiefer gelegenen Realität, statt dieses Letzte, eigentlich Wirkliche und Wirksame selbst zu sein. Von hier aus verstehen wir nun noch gründlicher sein fortwährendes Drängen auf praktische Betätigung, sein Fühlen und Werten seiner selbst als handelnden Wesens. Denn das Handeln ist die Form, durch die jener absolute Urgrund des persönlichen Seins in die sichtbare Wirklichkeit tritt und die deshalb im allerumfassendsten Sinn die Einheit des Subjektiven und Objektiven ausmacht, das in der bloßen Theorie getrennt, einander gegenübergestellt erscheint.

Wenn für ihn nach alledem die Aufgabe des Menschen nur ist, seine Kräfte bis zum vollen Ausschöpfen aller Möglichkeiten zu entwickeln, damit gleichsam die Natur in ihm zu ihrem vollen Sinn komme, so zeigt doch jeder Blick auf das empirische Leben, daß es die Zeit und die Bedingungen zu einer so vollständigen Entwicklung nur sehr wenigen, vielleicht niemandem gewährt. In Wirklichkeit ist dies eine der großen Menschentragödien, daß die menschlichen Kräfte sich in menschlichen Verhältnissen nicht vollkommen ausleben und entfalten können. Was als Begabung, als Spannkraft in uns lebt – ganz abgesehen von Velleitäten –, könnte nur durch den merkwürdigsten Zufall die Möglichkeit restloser Bewährung finden; es fehlt hier, sichtbarer als sonstwo, die vorbestimmte Harmonie oder die nachbestimmende Anpassung. Und es handelt sich nicht nur darum, daß das vollendete Werk Befriedigung auf uns zurückstrahle, sondern um diejenige eigentlich unerläßliche Genugtuung, die in der Lösung der gespannten Kräfte, in der Funktion, die unser Können ganz zum Ausdruck bringt, gelegen ist. Wo diese Inkommensurabilität zu vollem Bewußtsein gelangt, muß der Mensch untergehen. Das drückt Faust aus; bliebe er in seinen ursprünglichen empirischen Verhältnissen, so würde er sich verzehren, die unentfalteten Kräfte würden ihn töten. Das Bündnis mit Mephisto, die Herstellung seines Lebenswerkes durch dämonische Kräfte ist nur die positive Wendung davon: überempirische Verhältnisse müssen herbeigerufen werden, um die Entwicklung der Kräfte zu ermöglichen. Aus der Forderung an die Natur, daß es bei diesem Widerspruch nicht sein Bewenden haben könnte, entspringt die Äußerung zu Eckermann über die Unsterblichkeit: »Wenn ich bis an mein Ende rastlos wirke, so ist die Natur verpflichtet, mir eine andere Form des Daseins anzuweisen, wenn die jetzige meinem Geist nicht ferner auszuhalten vermag.« Und eine spätere Bemerkung betont nochmals den besonderen Sinn und Grund dieser Unsterblichkeit: wir seien zwar unsterblich, aber doch nicht alle »auf gleiche Weise«; vielmehr nur nach dem Maße der Kraft, die wir einzusetzen und auszuleben haben.

Es ist nun sehr merkwürdig, wie auch an diesem Punkt Kantische Argumente eine äußere Ähnlichkeit mit den Goetheschen zeigen, bei völliger Divergenz der grundlegenden Gesinnung. Kant stellte fest, daß wir, als endliche und natürliche Wesen, den Trieb nach Glückseligkeit als eine nicht zu leugnende und nicht zu beseitigende Tatsache in uns finden, gerade wie als moralische Wesen die Forderung des Sittengesetzes. Über diesen beiden Tatsachen erhebt sich das Verlangen nach ihrer Harmonie: die Weltordnung wäre nichts als eine große Dissonanz, wenn nicht das Maß des genossenen Glücks dem Maß der sittlichen Vollendung entspräche. Tatsächlich aber ist diese Proportion im irdischen Leben nicht vorhanden; zwischen Sittlichkeit und Glückseligkeit zeigt die Erfahrung keinerlei gerechtes und harmonisches Verhältnis. Da man aber bei dieser Unerträglichkeit schlechthin nicht Halt machen und sie nicht der Ordnung der Dinge als ein Endgültiges aufbürden kann, so postuliert Kant die Unsterblichkeit der Seele, weil diese nur in einem Jenseits und durch den Machtwillen eines Gottes ihre Vollendung: die Harmonie ihres sittlichen und ihres eudämonistischen

Seins finden kann. Es ist also sozusagen das gleiche Schema, in dem sich die Kantische und die Goethesche Unsterblichkeitslehre vollzieht; beide finden gewisse Forderungen in der Wirklichkeit des menschlichen Wesens unmittelbar angelegt, zu deren Erfüllung es unter den empirischen Verhältnissen nicht kommen kann; da sie aber bei diesem Widerspruch nicht stehen bleiben können, so beanspruchen sie von der Ordnung der Dinge, das Versprechen, das sie mit der Organisation unseres Wesens gegeben hat, wenigstens in einem Jenseits einzulösen. Nun aber zeigt sich sofort die tiefe Unterschiedenheit der Weltbilder: für Goethe könnte die Natur nichts so Sinnloses tun, als uns Kräfte zu verleihen, denen sie die Entwicklung abschneidet; für Kant könnte sie nichts so Unmoralisches tun, als der Sittlichkeit ihr Äquivalent vorzuenthalten. Kant fordert die Unsterblichkeit, weil die empirische Entwicklung des Menschen einer Idee nicht genügt, Goethe, weil sie den wirklich vorhandenen Kräften nicht genügt; Kant, weil die an sich getrennten Elemente, Sittlichkeit und Glückseligkeit, doch eine Einheit gewinnen müßten, Goethe, weil der ganze einheitliche Mensch doch das in Wirklichkeit werden müßte, was er der Möglichkeit nach von vornherein sei. Man erkennt auch hier, daß Kant die Elemente des menschlichen Wesens außerordentlich weit auseinander treibt, so daß sie nur in ganz fernen und neuen Dimensionen und Ordnungen sich wieder zusammenfinden können, während diese Einheit für Goethe in unserer unmittelbaren Wirklichkeit gegeben ist und es sich sogar in der Unsterblichkeitsfrage nur um eine konsequente Weiterentwicklung schon gegebener Richtungen handelt. Der Übergang der Seele von dem irdischen in den transzendenten Zustand ist für Kant der radikalste, für den sein Denken Raum hat, für Goethe ein Fortschreiten in ungeänderter Richtung, ein bloßes Freiwerden vorhandener Energien. Auch dieser vorgeschobenste Posten der beiden Weltanschauungen spiegelt ebenso den Rhythmus des Kantischen Wesens, das die Momente des Seins untereinander und von ihrem Wert scheidet, um sie erst oberhalb oder unterhalb der Wirklichkeit wieder zu versöhnen, wie den des Goetheschen, für den das Sein in sich und mit seinem Wert von vornherein ein einheitliches ist. Hier wie überall ist das Schema ihrer Divergenzen dies, daß Kant der Entwicklung eines analytischen Zustandes, Goethe der eines synthetischen – genauer: eines noch vor dem Gegensatz von Analyse und Synthese gelegenen – nachgeht. Goethe steht mit dem gesteigertsten Bewußtsein und der vertieftesten Begründung auf dem Boden undifferenzierter Einheitlichkeit, die der Ausgangspunkt aller geistigen Bewegungen gewesen ist. Kant akzentuiert die Zweiheit, in die diese auseinandergegangen ist; gegenüber jenem sozusagen paradiesischen Zustand hat bei ihm das scientes bonum et malum die äußerste Schärfe erlangt, die Einheit, die er gewinnt, trägt die Spuren der Entzweiung, die Nähte sind nicht völlig verwachsen.[2]

Aber eben jener Flug an ein äußerstes Ziel des Betrachtens und Empfindens der Welt hat Goethe über so manche Stationen sich hinwegsetzen lassen, die das langsame geschichtliche Vorschreiten nicht übergehen kann; so mögen auf dem Zickzackweg der Geistesentwicklung Strecken kommen, die der Richtung des Goetheschen Weges, selbst wenn diese die definitive und objektiv richtige wäre, direkt entgegenlaufen. Und so stand es in der Wissenschaft der letzten hundert Jahre. Denn diese will – oder wollte wenigstens – wirklich der Natur ihre Geheimnisse mit Hebeln und mit Schrauben abzwingen; sie will wirklich das Wahrheitsinteresse davon ganz unabhängig machen, ob es die Schönheit der Erscheinung zerstört oder nicht; sie will wirklich nicht von einer Idee des Ganzen, sondern von möglichst atomisierten Elementen ihren Ausgang nehmen; sie sieht wirklich den seelenlosen Mechanismus zweckfremder Stoffe und Kräfte als einziges Konstruktionsprinzip des Naturbildes an; ihr liegt aller Sinn, alle übermechanische Bedeutung derselben *hinter* der Erscheinung, in dem Reich des Intelligiblen, das in das der Sichtbarkeit und Erfahrung nie und nirgends hineinreiche; sie hat weder im Theoretischen noch im Ethischen jenes Zutrauen zu dem unmittelbar harmonischen Verhältnis zwischen der Natur und unseren Idealen. In alledem ist dagegen Kant der Mitbegründer und Genosse des modernen wissenschaftlichen Geistes; er, der einerseits in allem Wissen nur so viel wirkliche Wissenschaft sah, wie Mathematik darin ist, und der andrerseits die Gültigkeit der Mathematik auf unsere Anschauungsart beschränkte und Erkennbarkeit allem absprach, was nicht unmittelbar erscheinen kann; er, der den Geist und Zweck in der Natur für eine bloße »subjektive Maxime« ihrer

---

[2] Die ausführlichere Entwicklung dieses wie anderer hier berührter Motive findet sich in meinen Büchern: Kant, 3. Aufl. 1913, und: Goethe, 1913.

Beurteilung erklärte, die ihr eigenes Sein gar nicht berühre; er, der das Auseinanderklaffen unserer tiefsten Wesensbedürfnisse mit erbarmungsloser Schärfe erkannte, um dem Verlangen nach ihrer Harmonie schließlich das Almosen eines transzendierenden *Glaubens* zu gewähren. Wir können uns nicht verhehlen, daß die Gleichung zwischen diesen beiden Weltanschauungen noch nicht gefunden ist, so sicher erst mit ihr alles erfüllt wäre, was wir von unserem geistigen Verhältnis zur Welt begehren. Vielleicht aber ist es irrig, nach einem stabilen Gleichgewicht beider zu suchen; vielleicht ist es der eigentliche Rhythmus und Formel des modernen Lebens, daß die Grenzlinie zwischen der mechanistischen und der Goetheschen Auffassung der Welt – mag man sie metaphysisch, künstlerisch oder vitalistisch nennen – in fortwährender Verschiebung bleibe, so daß die Bewegung zwischen ihnen, der Wechsel ihrer Ansprüche auf das Einzelne, die Entwicklung ihrer Gegenwirkungen ins Unendliche dem Leben den Reiz gewährt, den wir von der unauffindbaren definitiven Entscheidung zwischen ihnen erhofften.

Dies erscheint freilich als Epigonentum, wenn auch zugleich als Ausnutzung der Gunst, die die Natur der Sache den Epigonen gewährt: daß sie, wenn ihnen die Größe der Einseitigkeit mangelt, dafür der Einseitigkeit der Größe entgehen. Vielleicht aber ist es doch noch mehr. Denn zunächst handelt es sich nicht um ein willkürliches Schwanken zwischen dem mechanistischen und dem künstlerisch-vitalistischen Prinzip, sondern um die Anwendung des einen und des anderen auf getrennte Problemgruppen. Hier fehlt freilich das einheitliche Definitivum – aber die Notwendigkeit eines solchen, entgegen einer auch in den *Prinzipien* pluralistischen Anschauungsweise, ist ein bloßes Dogma, und dieses selbst zugegeben, könnte die Einheit noch immer ein für uns im Unendlichen liegendes Ziel sein, eines, das nicht prinzipiell, sondern nur tatsächlich für uns unerreichbar ist. Allein der Kampf und die Alternierung zwischen den beiden Weltauffassungen fände noch tiefere Begründung, wenn man gewissen letzten Intentionen der Philosophie nachginge, die den Begriff des *Lebens* in das metaphysische Zentrum rücken. Denn nun könnte die wechselnde Zuwendung zu dem einen und dem anderen Motiv unmittelbar der Pulsierung des Lebens überhaupt entsprechen, seinem überall bewährten Rhythmus, dessen einfachstes Zeichen das Ein- und Ausatmen ist; oder der

Kampf zwischen beiden offenbarte den kämpferischen Charakter aller Lebensbewegtheit, die unvermeidliche Parteiung, die deren äußere wie innere Form ist; aber auch ohne eigentlichen Kampf sei es das Wesen des Lebens, den Widerspruch gegen den Inhalt jedes Momentes zu erzeugen, jedes Gesetzte durch seinen Gegensatz und diesen wieder durch jenes zu ergänzen. Was man die Einheit beider nennen könnte, liege dann in dem Leben, das sie gebiert und erlebt, eine Einheit, die ihrer Gegensätzlichkeit nicht das geringste abträgt, sondern gerade an dieser sich vollzieht. Ein Kompromiß, ein Halb- und Halbtum zwischen ihnen, das die Einheit wieder in die Sachgehalte, statt in deren Erleben legte, wäre gerade damit beseitigt. Für die Weltanschauung der jetzt wohl abgeschlossenen Geistesperiode bleibt der Besitz, den wir an den Parteien haben, an die Formel gebunden: Kant *oder* Goethe! Die kommende Epoche aber wird vielleicht im Zeichen von Kant *und* Goethe stehen, jede flaue Vermittlung zwischen ihnen ablehnend, ihre begrifflichen Gegensätze nicht »versöhnend«, aber sie durch die Tatsache ihres Erlebtwerdens verneinend.

Über tredition

Eigenes Buch veröffentlichen

tredition wurde 2006 in Hamburg gegründet und hat seither mehrere tausend Buchtitel veröffentlicht. Autoren veröffentlichen in wenigen leichten Schritten gedruckte Bücher, e-Books und audio-Books. tredition hat das Ziel, die beste und fairste Veröffentlichungsmöglichkeit für Autoren zu bieten.

tredition wurde mit der Erkenntnis gegründet, dass nur etwa jedes 200. bei Verlagen eingereichte Manuskript veröffentlicht wird. Dabei hat jedes Buch seinen Markt, also seine Leser. tredition sorgt dafür, dass für jedes Buch die Leserschaft auch erreicht wird.

Im einzigartigen Literatur-Netzwerk von tredition bieten zahlreiche Literatur-Partner (das sind Lektoren, Übersetzer, Hörbuchsprecher und Illustratoren) ihre Dienstleistung an, um Manuskripte zu verbessern oder die Vielfalt zu erhöhen. Autoren vereinbaren direkt mit den Literatur-Partnern die Konditionen ihrer Zusammenarbeit und partizipieren gemeinsam am Erfolg des Buches.

Das gesamte Verlagsprogramm von tredition ist bei allen stationären Buchhandlungen und Online-Buchhändlern wie z. B. Amazon erhältlich. e-Books stehen bei den führenden Online-Portalen (z. B. iBookstore von Apple oder Kindle von Amazon) zum Verkauf.

Einfach leicht ein Buch veröffentlichen: **www.tredition.de**

Eigene Buchreihe oder eigenen Verlag gründen

Seit 2009 bietet tredition sein Verlagskonzept auch als sogenanntes "White-Label" an. Das bedeutet, dass andere Unternehmen, Institutionen und Personen risikofrei und unkompliziert selbst zum Herausgeber von Büchern und Buchreihen unter eigener Marke werden können. tredition übernimmt dabei das komplette Herstellungs- und Distributionsrisiko.

Zahlreiche Zeitschriften-, Zeitungs- und Buchverlage, Universitäten, Forschungseinrichtungen u.v.m. nutzen diese Dienstleistung von tredition, um unter eigener Marke ohne Risiko Bücher zu verlegen.

Alle Informationen im Internet: **www.tredition.de/fuer-verlage**

tredition wurde mit mehreren Innovationspreisen ausgezeichnet, u. a. mit dem Webfuture Award und dem Innovationspreis der Buch Digitale.

tredition ist Mitglied im Börsenverein des Deutschen Buchhandels.

Dieses Werk elektronisch lesen

Dieses Werk ist Teil der Gutenberg-DE Edition DVD. Diese enthält das komplette Archiv des Projekt Gutenberg-DE. Die DVD ist im Internet erhältlich auf **http://gutenbergshop.abc.de**

Zeitfracht Medien GmbH
Ferdinand-Jühlke-Straße 7
99095 Erfurt, Deutschland
produktsicherheit@kolibri360.de